IGOR BRUNO SILVA DE OLIVEIRA

A DEFINIÇÃO DOS CANDIDATOS AO PLEITO ELEITORAL

O interesse do eleitor pelo processo de votação

IGOR BRUNO SILVA DE OLIVEIRA

A DEFINIÇÃO DOS CANDIDATOS AO PLEITO ELEITORAL

O interesse do eleitor pelo processo de votação

Del Rey editora

Belo Horizonte

2018

Impresso no Brasil | Printed in Brazil

EDITORA DEL REY LTDA
www.livrariadelrey.com.br

Editor: Arnaldo Oliveira

Editor Adjunto: Ricardo A. Malheiros Fiuza

Editora Assistente: Sirlene Santos Simões

Diagramação: Alfstudio

Revisão: Sirlene Santos Simões

Capa: Alfstudio

Editora
Rua dos Goitacases, 71 – Loja 24A – Centro
Belo Horizonte-MG – CEP 30190-909
Comercial:
Tel.: (31) 3293 8233
vendas@editoradelrey.com.br
Editorial:
editorial@editoradelrey.com.br

Dados Internacionais de Catalogação na Publicação (CIP)

O48d Oliveira, Igor Bruno Silva de.
A definição dos candidatos ao pleito eleitoral: o interesse do eleitor pelo processo de votação / Igor Bruno Silva de Oliveira. – Belo Horizonte: Del Rey, 2018.
xiii, 122 p. – Inclui bibliografia.

ISBN: 978-85-384-0527-6

1. Direito eleitoral – Brasil 2. Justiça eleitoral – Brasil 3. Eleições – Brasil 4. Democracia 5. Candidaturas I. Título

CDU(1976) 342.8(81)

Ficha catalográfica elaborada pelo bibliotecário Junio Martins Lourenço CRB 6/3167.

À vovó Maria,
matriarca da família e grande
entusiasta de tudo que faço.

"A gratidão é a virtude da posteridade."
Tobias Barreto

APRESENTAÇÃO

O Direito Eleitoral vem amadurecendo em nosso país como ramo da ciência jurídica, tratado com um pensamento dogmático cada vez mais exigente. Como o processo democrático tem sido vivido em nossa experiência com não poucos revezes, gerando o crescente fenômeno da judicialização da política, naturalmente que passou a reivindicar um interesse crescente da comunidade jurídica na mesma medida em as eleições passaram a ser decididas não apenas no âmbito político: as urnas nem sempre dão a última palavra em nossa democracia. Nem mesmo há mais imunização nas eleições presidenciais: os mandatos mais elevados passaram a ser escrutinados pela Justiça Eleitoral, cada vez mais determinante para a conservação ou descarte do resultado da vontade manifestada pelos eleitores.

A formalização crescente do processo democrático tornou muito complexo o processo eleitoral, com o excesso de normas jurídicas restritivas, criando um elevado embaraço para a propaganda eleitoral, o financiamento de campanha, o exercício da liberdade de expressão e o acesso do cidadão à obtenção do direito de ser votado, é dizer, da elegibilidade.

Desde a redemocratização do Brasil, após um longo período do regime de exceção comandado pelos militares, a política vem sendo vítima de sucessivos escândalos de corrupção, que já levaram, em um arco curto de tempo, ao impeachment de dois presidentes da República, à cassação de muitos parlamentares e a suspeição e deslegitimação da atividade política.

Umas das consequências deste fenômeno foi a tentativa de exclusão de políticos conhecidos, com uma vida pregressa questionável, que eram constantemente eleitos mesmo com uma reputação socialmente criticada. Alguns setores organizados buscaram, então, diante de um desencantamento com a política, criar normas sancionatórias em larga escala, com uma manifesta tentativa de limitar o acesso aos mandatos eletivos, excluindo desde o início os que se enquadrassem em normas sancionatórias, surgindo, deste movimento, a Lei Complementar nº 35/2010, a denominada Lei da Ficha Limpa, com a sua redação confusa, como hipóteses tipológicas abertas e com a definição de sanções desproporcionais.

É neste cenário que o presente livro apresenta uma reflexão importante sobre o que denominou "empoderamento do eleitor" e do cidadão no processo político, com o aumento do estímulo à sua participação efetiva na esfera pública. Para cumprir o seu percurso teórico, a obra é metodologicamente cuidadosa em fazer uma análise histórica da experiência eleitoral brasileira e do papel atribuído à Justiça Eleitoral, de uma mão, e das sucessivas reformas eleitorais feitas pelo Congresso Nacional, de outra mão, que não cuida(ra)m de ampliar e estimular o âmbito de participação do eleitor no processo político, sendo raros os exemplos positivos, como as audiências públicas, por exemplo, para o debate de temas de interesse coletivo.

Anota Igor Oliveira que o descrédito dos partidos políticos perante a maioria da população é uma realidade dramática, sem embargo, de apenas partidos poderem inscrever candidatos e de não termos uma vivência de uma democracia interna partidária. Se acrescermos ao problema a proliferação de partidos sem qualquer identidade ideológica, visualizamos um quadro de estrangulamento das instâncias democráticas. Seria necessário um repensar sobre as estruturas partidárias para uma ampliação da participação popular, que signifique também uma maior democracia interna, oxigenando os partidos e possibilitando o surgimento de novas lideranças.

Mas a Justiça Eleitoral teria também um papel fundamental para o empoderamento do cidadão. Um dos aspectos que Igor Oliveira adverte como problemático é a insegurança jurídica causada pela indefinição da higidez jurídica das candidaturas enquanto transcorre o pleito eleitoral. O registro das candidaturas devem ser definidos o quanto antes, sem que as candidaturas fiquem indefinidamente com o registro pendente de deferimento, podendo o eleito sequer ser diplomado. O efeito deletério que se tem observado é a desconfiança ao processo eleitoral em que o candidato pode ser, na verdade, um não candidato, perdendo o ato de votar o seu sentido básico. O eleitor, desse modo, não apenas se sente sem o poder de escolher os seus candidatos, como não acredita que o processo eleitoral seja, de fato, sério. Um sistema político que se deve fundar na lealdade e na confiança, passa a sofrer uma crise sistêmica de credibilidade e de legitimidade.

Observo que essa obra que o leitor tem em mãos não é obra apenas de dogmática jurídica. O autor buscou também enfrentar preocupações zetéticas, é dizer, que vão além do ordenamento jurídico positivo, refletindo sobre os meios que poderiam ser empregados para o empoderamento político do cidadão, trazendo-o para uma maior participação política. Desse modo, é uma reflexão não apenas sobre o direito positivo, mas sobre o direito que se gostaria de positivar e sobre meios para tornar mais efetivo o princípio da soberania popular.

Recomendo a sua leitura, tomando-a como uma crítica do défice democrático da menor participação do cidadão nos espaços públicos do processo político. Sem partidos políticos fortes e com maior acesso que possibilite o surgimento de novas lideranças, sem uma Justiça Eleitoral voltada para estimular a participação popular por meio de instrumentos que estão ao seu dispor, continuaremos claudicando em construir uma democracia mais sólida, aberta, includente e plural.

Adriano Soares da Costa
Presidente da Instituição Brasileira de Direito Público - IBDPub
Advogado. Parecerista. Palestrante.
Autor do livro "Instituições de direito eleitoral".

Prefácio

Foi com grande alegria que recebi o convite do Dr. Igor Bruno Silva de Oliveira para prefaciar a obra com a qual estreia no mercado editorial nacional.

Conheci o autor ainda jovem, quando acompanhava seu pai – o competente eleitoralista Dr. João Batista de Oliveira Filho – em evento no Tribunal Regional de Minas Gerais, onde este atuava como Procurador Regional Eleitoral. Naquele entardecer, entre um canapé e outro, sequer imaginava o jovem Igor o destino que lhe era reservado, qual seja o de tornar-se, ele também, uma referência no mundo e nas letras jurídico-eleitorais.

O presente trabalho constitui obra excelente, não só pela exposição clara e logicamente sequenciada, como também pela qualidade do conteúdo. Pelos seus méritos, tornar-se-á certamente referência no tema.

Ao meu sentir, pode a obra ser dividida em duas principais partes. A primeira constitui o pano de fundo para a tese que virá ao final. Aí o autor introduz importantes temas do Direito Eleitoral, traça a evolução histórica do sufrágio no Brasil, aponta vários princípios (que identifica como "pilares" do *processo* eleitoral), aborda a eleição como processo legitimador da alternância do poder, as atribuições da Justiça Eleitoral e a habilitação de candidatos para o pleito.

Nessa parte do texto, releva notar a saudável preocupação do autor com a identificação de princípios que incidem no processo eleitoral, o que o situa no marco contemporâneo das pesquisas jurídicas. Isso porque os princípios encontram-se no altiplano da ciência do Direito, sendo-lhes reconhecida natureza de norma jurídica, ou seja, possuem conteúdo prescritivo (no sentido de ordenar ou comandar que algo seja feito), e não apenas descritivo, que se limita a narrar comportamentos devidos. Deles, portanto, podem ser extraídas determinações, direitos e deveres jurídicos.

Preparado o terreno, cuida a segunda parte de expor a tese central da obra, que me parece ser a demonstração da fragilidade do processo eleitoral brasileiro quanto a deferimentos intempestivos de pedidos de registro de candidatura, fato que carreia perdas aos participantes do pleito e, especialmente, influencia de forma negativa a percepção e participação dos cidadãos na esfera política, e, pois, a própria democracia.

Norberto Bobbio afirma (*In O futuro da democracia*: uma defesa das regras do jogo. 13ª ed. rev. SP: Paz e Terra, 2015, p. 35) que o único modo de se chegar a um acordo quando se fala de democracia "é o de considerá-la caracterizada por um conjunto de regras (primárias ou fundamentais) que estabelecem *quem* está autorizado a tomar as decisões coletivas e com quais *procedimentos*." Afinal – prossegue – todo grupo social "está obrigado a tomar decisões que vinculem o conjunto de seus membros com o objetivo de prover a própria sobrevivência, tanto interna quanto externamente."

A partir desse ensinamento do eminente filósofo político, pode-se dizer que a obra que ora se apresenta ao público ilumina um aspecto negativo do processo/*procedimento* eleitoral brasileiro (entendido em sentido amplo), esclarecendo o que isso pode significar para o eleitorado.

No particular, defende-se que a ausência de decisão definitiva sobre o pedido de registro de candidatura *antes* do pleito provoca relevantes e negativos efeitos em todos os envolvidos na eleição: candidatos, eleitores, partidos políticos, e a própria Justiça Eleitoral. Isso é especialmente verdadeiro quando o candidato logra vitória no pleito e seu registro vem a ser indeferido depois da eleição.

Conquanto o processo de registro de candidatura se configure como meio de participação popular e – diz o autor no item 6.1 – esteja "cercado de garantias constitucionais [...], não é um fim em si próprio, então deve ter duração razoável e ser analisado, em definitivo, no prazo estabelecido em lei (vinte dias antes do pleito), sob pena de insegurança jurídica." Ademais, para que haja "um verdadeiro entendimento de cidadania e empoderamento social, o mínimo que se exige da Justiça Eleitoral é que o cidadão e seu candidato sejam certos no momento do pleito." (item 7.4).

Sem pretender esgotar o assunto, aponta o autor possíveis causas para o indeferimento extemporâneo do pedido de registro de candidatura, a saber: *i)* grande volume de trabalho para um corpo "emprestado" e não especializado de magistrados; *ii)* insegurança jurídica decorrente da volatilidade da jurisprudência; *iii)* exiguidade do prazo para análise de todos os pedidos de registro de candidatura; *iv)* grande número de partidos e consequente multiplicação de candidatos; *v)* complexidade da análise para definição de inelegibilidade a partir da interpretação da legislação e respectiva documentação que acompanha o pedido de registro de candidatura.

Um aspecto importante da obra é a preocupação com o baixo interesse manifestado pelos cidadãos em participar efetivamente da vida política do país. Com vistas a elevar esse índice, são propostas algumas medidas, entre as quais figuram as seguintes: *i)* mudança de mentalidade, devendo o cidadão conscientizar-se da centralidade de seu espaço na vida sócio-política, e deixar de ver o político como único ator da vida pública; *ii)* fortalecimento da democracia, com atendimento aos múltiplos interesses presentes na sociedade brasileira, caracterizada que é pelo pluralismo – portanto é preciso que as minorias sejam ouvidas, tenham garantidos seus espaços e interesses; *iii)* realização de escolhas que garantam *real* alternância no poder, o que implica a oxigenação da democracia nacional; *iv)* uso dos meios de comunicação mais acessíveis à população, tais como televisão, rádio e a *web* (rede mundial de computadores).

À vista disso, a leitura da presente obra certamente não frustrará nem os teóricos, nem os estudantes, nem os que buscam informações seguras sobre o Direito Eleitoral contemporâneo.

Boa leitura!

José Jairo Gomes

SUMÁRIO

1
INTRODUÇÃO

O objeto do presente trabalho é estudar, a partir da legislação pertinente (Constituição da República de 1988 e leis eleitorais), o processo eleitoral brasileiro como instrumento legitimador do exercício da cidadania. Mais especificamente, procura-se demonstrar a importância que o processo eleitoral tem para a sociedade brasileira, no que diz respeito à definição dos candidatos ao pleito eleitoral. Para tanto, analisar-se-á precipuamente o pedido de registro de candidatura, que é o procedimento eleitoral de definição dos elegíveis ao pleito.

A escolha do tema se justifica uma vez que, atualmente, o Judiciário eleitoral tem apresentado dificuldades em cumprir os prazos estabelecidos na lei no que diz respeito ao deferimento do registro de candidatura. O resultado acaba sendo a descrença popular na atuação segura e célere que o constituinte exige de tal justiça. Isso se dá em função do objeto jurídico tutelado pelos órgãos eleitorais, ou seja, os direitos políticos. Nesse contexto, a presente pesquisa surgiu da angústia advinda da incerteza da tempestiva análise do pedido de registro de candidatura.

Em termos mais singelos, o problema decorre da seguinte indagação: como o processo eleitoral, mais especificamente o pedido de registro de candidatura, pode influir na escolha do candidato ao pleito e em relação à atuação do eleitor na vida política?

Dessa indagação surgem duas vertentes. Primeiro, é cediço que o cidadão brasileiro só passará a ter interesse pela vida política, quando dela conhecer melhor. Isso, contudo, só é possível quando ele, participante do corpo social, conhece bem seus direitos, em especial, os políticos, pois, ao ter conhecimento do que lhe foi assegurado na Constituição da República de 1988 (CR/88), o cidadão passa a ser o autor de seu futuro empoderamento sociopolítico.

Segundo, não basta que o eleitor conheça seus direitos para que exerça sua cidadania de forma livre e racional. É preciso que os órgãos instituídos na CR/88 os respeitem e zelem por seu cumprimento. Com relação a uma escolha livre e consciente dos elegíveis, a Justiça Eleitoral tem papel fundamental, pois é ela a responsável por toda a organização do pleito, e mais, para que haja a figura do candidato, tal Justiça deve deferir tempestivamente seu registro de candidatura.

A pesquisa pretende demonstrar que muitas vezes os registros de candidatura, por causa de uma série infindável de recursos e da falta de tempo hábil, são analisados extemporaneamente. Isso só tende a causar prejuízos das mais diversas sortes ao cidadão, ao elegível, ao partido ou coligação partidária e à própria Justiça Eleitoral.

Ao tempo extremamente curto outorgado à Justiça Eleitoral para a análise dos registros de candidatura, soma-se o fato de tais órgãos padecerem da ausência de corpo próprio de magistrados. O resultado inevitável é a famigerada candidatura *sub judice*, que só causa mais incertezas ao cidadão brasileiro quanto à escolha consciente de seu elegível.

A metodologia de trabalho erigida é a jurídica compreensiva ou jurídico-interpretativa, que focará na demonstração de como a atuação da Justiça Eleitoral nacional é essencial na formação política, livre e consciente do cidadão brasileiro.

São trabalhadas duas hipóteses: o empoderamento social do eleitor na busca de um maior envolvimento com o exercício do sufrágio; bem como se o atraso na prestação jurisdicional gera prejuízos políticos e econômicos para os envolvidos no pleito eleitoral.

Constitui objetivo geral desta pesquisa demonstrar a fragilidade do processo eleitoral nacional no que diz respeito ao deferimento intempestivo dos registros de candidatura, e a influência dessa intempestividade na vida do cidadão brasileiro quanto à sua participação na esfera pública. Dessa forma, o direito de sufrágio torna-se mitigado em prol de um formalismo exacerbado e um tempo limitado para deferimento de registros de candidatura pela Justiça Eleitoral. Ainda se demonstrará que é fundamental o empoderamento social para que o eleitor tenha conhecimento de seus direitos e não se deixe enganar na hora de exercer livre e conscientemente sua cidadania.

Como objetivos específicos, pretende-se analisar casos concretos nos quais o registro da candidatura causou prejuízos para o cidadão eleitor, para o elegível, seu partido ou coligação e para a Justiça Eleitoral. Ainda se analisará a importância de se alcançar uma sociedade livre e consciente dos direitos políticos assegurados pelo texto constitucional de 1988.

Para se chegar a esse ponto de discussão, realiza-se, primeiramente, uma breve digressão histórica a respeito da conquista do sufrágio no nosso país e também sobre o fundamental papel da Justiça Eleitoral na organização do pleito.

Após os apontamentos históricos, efetua-se uma conceituação e análise aprofundada dos princípios norteadores do processo eleitoral, necessária para a compressão das garantias concedidas aos jurisdicionados brasileiros no decorrer dos procedimentos eleitorais nacionais.

Terceiro ponto a ser analisado é a importância do processo eleitoral, mais especificamente das eleições, para a democracia partidária nacional. Parte-se do fundamento de que, em um país multipartidário, como é o Brasil, não basta que as decisões sejam tomadas pela maioria, é necessário dar voz às minorias e respeitá-las.

A pesquisa não relegará a análise pormenorizada das funções exercidas pela Justiça Eleitoral, objetivando entender quais os entraves que, eventualmente, prejudicam a efetiva prestação jurisdicional, notadamente na análise do pedido de registro de candidatura.

Aprofundando-se no tema *registros de candidatura,* descrevem-se todos os passos para o deferimento de registro de candidatura, questionando seu excesso de formalismo que, eventualmente, pode tornar as garantias constitucionais em verdadeiros entraves para a duração razoável do processo, o que gera insegurança jurídica.

Nos capítulos finais, discutem-se formas de participação social na vida política que resultem no empoderamento do eleitor, objetivando a formação de uma sociedade rica de intérpretes dos direitos políticos.

Por fim, e por meio de exemplos práticos, apresentam-se e analisam-se situações em que a análise do pedido de registro de candidatura gera prejuízos ao erário, frustração ao eleitor e desdobramentos nos resultados das eleições.

2
EVOLUÇÃO HISTÓRICA DO DIREITO AO SUFRÁGIO

Inicialmente pretende-se fazer uma digressão, realizando um breve histórico do direito ao sufrágio no Brasil, bem como da criação e evolução de uma Justiça especializada em defender os direitos políticos do povo brasileiro, a Justiça Eleitoral. Para uma melhor abordagem, realizar-se-á uma divisão entre os dois temas.

Essa digressão torna-se imprescindível para melhor compreensão da situação-problema apresentada. Entende-se, desde já, que o processo eleitoral só chegou ao ponto em que se encontra devido à sua genealogia pretérita. Não haveria sufrágio universal sem a discussão do que é uma democracia representativa inclusiva. Assim como não haveria a Justiça Eleitoral se não existisse uma racionalização histórica da importância de um órgão especializado em analisar os direitos de cidadania.

Contudo, por se tratar apenas de noção introdutória, o trabalho não esgotará os temas propostos, pois fugiria da metodologia científica escolhida, a saber, jurídica compreensiva.

No Brasil, a história do sufrágio[1] passou por diversas fases distintas, assim como a própria percepção da importância do processo eleitoral para a

---

1 Sufrágio é o direito concedido ao cidadão de determinado Estado de votar (sufrágio ativo) e ser votado (sufrágio passivo), quando se trata de uma democracia representativa, em que não é possível que cada cidadão traga sua opinião individualizada para a sociedade (democracia direta). De acordo com Kildare Gonçalves de Carvalho, o sufrágio é universal, isto é, o direito de votar e ser votado é conferido a todos os cidadãos, independentemente de qualquer distinção (CARVALHO, 2011, p. 823). José Afonso da Silva afirma que o sufrágio é o direito público subjetivo de natureza política que tem o cidadão de eleger, ser eleito e de participar da organização e da atividade do poder estatal (SILVA, 2012, p. 350).

democracia brasileira. Norteada pelos interesses políticos da época e normalmente influenciada pelos interesses econômicos, desde os primórdios, a democracia direta não foi utilizada como forma de governo, ante o crescente número populacional.

O estudo acerca dos direitos políticos, em especial do sufrágio, não é recente. Desde a Antiguidade já se investigava a relação do povo com a *polis*.

2.1 Evolução histórica do sufrágio no Direito brasileiro

Em uma democracia representativa, o poder conferido à autoridade para agir em nome de alguém se dá por meio de eleições, ou seja, o mecanismo eleitoral é compreendido como uma forma de autorizar uma ação. Portanto, é por meio do sufrágio que os escolhidos pelo voto poderão atuar em nome de outros e que sua representação será legitimada (CHAIA, 2010).

Daí a importância de se conhecer a história da evolução do voto no Brasil, pois ela representa a busca no aprimoramento da representação política e a ampliação do significado da participação. Conhecer o funcionamento da participação popular nas eleições, marcada por mudanças que usualmente visam atender aos interesses dos detentores do poder auxiliará na compreensão do atual processo de descrédito da política. Tais reflexões contribuirão para o estudo do tema-problema do trabalho.

Ao longo de sua história, o Brasil passou por diferentes formas de governo.

A legitimação por meio do voto, no passado, era realizada de forma diferenciada do que acontece nos dias atuais. No começo, as eleições no Brasil eram indiretas. Em certas épocas, em vários turnos.

O primeiro registro histórico de eleições realizadas no País é datado de 1532. Na Província de São Vicente, atualmente São Paulo, foram convocadas pelo donatário Martin Afonso de Souza e objetivavam a escolha do conselho administrativo dessa vila. A votação foi indireta. Os "homens bons" elegeram seis representantes, que, por sua vez, escolheram os oficiais do conselho municipal (SENA, 2009).

Durante todo o período colonial e do reinado brasileiro (1500-1820), o direito de votar resumia-se aos denominados "homens bons", que, como explica Naldiael Santos Sena, eram homens qualificados pela linhagem familiar, renda e propriedade, bem como pela participação na burocracia civil e militar da época. Em outros termos, só poderiam votar homens portugueses ricos (normalmente comerciantes e fazendeiros) ou militares de alta patente do exército português (SENA, 2009).

Naquela época, a câmara municipal exercia a função legiferante e executiva do Poder, por intermédio dos oficiais conselheiros escolhidos pelos "homens bons", em votação indireta. O processo eleitoral acontecia a cada 3 (três) anos e era regulado pelo Código Eleitoral da Ordenação do Reino de 1603.

As tentativas de interferência no processo eleitoral são históricas e não passam despercebidas do relato do historiador Manoel Rodrigues Ferreira:

> Em 1619, o capitão-mor de São Paulo tentou interferir nas eleições da Câmara. Achava ele que as Ordenações do Reino estavam erradas: as eleições dos oficiais não deviam ser realizadas de três em três anos, mas sim anualmente. O povo se reuniu e fez cumprir a lei, exigindo que não se fizesse eleição anualmente, mas sim trienalmente, como mandavam as Ordenações (FERREIRA, 2001, p. 61).

As primeiras eleições gerais realizadas no Brasil são datadas de 1821, para a escolha dos representantes do parlamento português de Lisboa. O povo brasileiro elegeria deputados para representá-los em Lisboa, perante o Rei.

Nessa oportunidade, o rei também assinou o decreto denominado "Instruções para as eleições dos deputados das Cortes, segundo o método estabelecido na Constituição Espanhola, e adotado para o Reino Unido de Portugal, Brasil e Algarves", que trazia o regramento para a eleição, abandonando as Ordenanças de 1603.

Essa modalidade de votação representou avanço no direito ao sufrágio. Inexistia qualquer distinção ou pré-requisito entre os eleitores. Como ensina Ferreira, o sufrágio passou a ser universal, isto é, o povo votava em massa, inclusive os analfabetos, não havendo qualquer restrição ao voto (FERREIRA, 2001, p. 81).

A primeira lei eleitoral escrita no Brasil é de autoria do regente Dom Pedro I. Datada de 3 de junho 1822, objetivava presidir as eleições no Brasil e, em seu art. 8°, trazia restrição ao exercício do sufrágio de acordo com a condição econômica, fato que reduziu o colégio eleitoral. O sufrágio, desse modo, passou a ser exercido somente pelos homens ricos, como os comerciantes e fazendeiros (FERREIRA, 2001, p. 119).

No período imperial, a Constituição outorgada de 1824 determinou que o Brasil continuasse sendo uma monarquia hereditária e o voto fosse censitário. Para poder participar do pleito, era necessário ter determinada renda[2].

A eleição se realizava em dois graus. Em um primeiro momento eram escolhidos os eleitores que iriam participar da votação e em um segundo momento escolhiam-se os eleitos propriamente ditos. Cabia ao Imperador escolher os senadores, a partir de uma lista tríplice. O colégio eleitoral era composto, exclusivamente, por homens, maiores de 25 anos e com renda líquida anual de 100 mil réis. Os eleitores do segundo escrutínio teriam de possuir todos esses requisitos, mais uma renda de 200 mil réis (CHAIA, 2010, p. 1).

Essa regra sobre o colégio eleitoral restringiu o direito de voto às classes ricas, ao alto escalão da Igreja Católica Apostólica Romana (ICAR) e aos homens brancos, livres e comerciantes.

Em 1831, aparecem, na cena política brasileira, os primeiros partidos: Restaurador, Republicano e Liberal. O primeiro pugnava pela volta de D. Pedro I; o segundo, pela abolição da monarquia; e o terceiro, pela reforma da Constituição de 1824, mas conservada a forma monárquica. Em 1837, surge o Partido Conservador, em oposição ao Liberal, que defendia a unidade do Império sob o regime representativo e monárquico (FERREIRA, 2001, p. 168-169).

O Decreto nº 157, de 4 de maio de 1842, instituiu a obrigatoriedade do alistamento eleitoral em uma junta formada por três autoridades: o presidente (juiz de paz da província), o fiscal da junta (subdelegado provincial), e o pároco. Essa junta faria duas listas: a dos eleitores e a dos possíveis eleitos para o 1° grau (BRASIL, 1842).

As eleições eram realizadas dentro da Igreja. Dispunha o art. 12 do referido Decreto que, no dia marcado para a reunião da Assembleia Paroquial, o juiz de paz do distrito, com seu escrivão, o pároco ou quem suas vezes fizesse, se

---

2 "Art. 92. São excluídos de votar nas Assembléas Parochiaes.; I. Os menores de vinte e cinco annos, nos quaes se não comprehendem os casados, e Officiaes Militares, que forem maiores de vinte e um annos, os Bachares Formados, e Clerigos de Ordens Sacras.; II. Os filhos familias, que estiverem na companhia de seus pais, salvo se servirem Officios publicos.; III. Os criados de servir, em cuja classe não entram os Guardalivros, e primeiros caixeiros das casas de commercio, os Criados da Casa Imperial, que não forem de galão branco, e os administradores das fazendas ruraes, e fabricas.; IV. Os Religiosos, e quaesquer, que vivam em Communidade claustral.; V. Os que não tiverem de renda liquida annual cem mil réis por bens de raiz, industria, commercio, ou Empregos" (BRASIL, 1824).

dirigiriam à igreja Matriz, de cujo corpo e capela-mor se fariam duas divisões, uma para os votantes, e outra para a mesa (FERREIRA, 2001, p. 176).

Odorico Mendes e Paulo Barbosa, deputados da época, começaram a discutir a redação de uma norma agrupadora das demais. A criação da Lei nº 387, de 19 de agosto de 1846, que estabelecia a forma de realização das eleições, resultado desse trabalho, veio a ser sancionada pelo Imperador somente em 19 de agosto de 1864 (BRASIL, 1846).

Outro ponto curioso diz respeito aos analfabetos, que naquela época representavam 70% da população brasileira (CHAIA, 2010. p. 1). Nenhuma das leis, nem mesmo a Lei nº 387 de 1846 os restringiam quanto à possibilidade de votar e de serem votados.

Questionado a respeito do voto do analfabeto pelo presidente da província de Santa Catarina, D. Pedro II respondeu pela inexistência de vedação: "Há por bem, declarar que podem ser votantes e elegíveis os que não sabem ler e escrever, pois que os não excluem os artigos 91 e 92 da Constituição, nem os artigos 17,18 e 53 da lei regulamentar das eleições" (FERREIRA, 2001, p. 186).

Posteriormente, em 1881, o Decreto nº 3.029, conhecido como Lei do Censo, ou Lei Saraiva, acabou com a votação de dois graus, mas aumentou para duzentos mil reais a comprovação de renda mínima para votar (BRASIL, 1981).

A reforma efetuada por essa lei promoveu mudanças devastadoras no formato no perfil do eleitorado, que passou a ser de apenas 1% da população. Abriu-se um abismo no corpo eleitoral brasileiro, eis que o eleitorado, que era ligeiramente superior a um milhão de eleitores, foi reduzido para aproximadamente cento e cinquenta mil em 1882 (NICOLAU, 2001, p. 20).

Os analfabetos foram impedidos de participar do pleito eleitoral, assim como milhares de trabalhadores que não tinham como fazer prova de seus rendimentos. Vale ressaltar que o alistamento eleitoral era obrigatório e não havia mais a figura do alistamento automático.

Naquela época, o encolhimento do eleitorado brasileiro se deu, entre outros motivos, em função do art. 8º da Lei Saraiva, que exigia a alfabetização do eleitor para o exercício do direito de sufrágio. Contudo, o art. 15, § 19, da mesma lei não proibia os analfabetos já alistados pelo ordenamento anterior de votarem, desde que o livro eleitoral fosse assinado por terceira pessoa de sua confiança.

De se ressaltar que nessa época o voto era aberto e a votação era acompanhada por uma mesa eleitoral, formada por homens considerados importantes em termos da política local, o que tornava o processo eleitoral suscetível de pressões e fraudes.

Os republicanos, em 15 de novembro de 1889, deram fim ao regime monárquico brasileiro. Ao mesmo tempo, editaram o Decreto n° 6, de 19 de novembro de 1889. Isso resultou no término do sistema de privilégios das instruções e leis eleitorais imperiais, ao dispor que são eleitores, para as câmaras gerais, provinciais e municipais, todos os cidadãos brasileiros, no gozo dos seus direitos civis e políticos, que souberem ler e escrever (BRASIL, 1889).

Após esse decreto, uma série de outros foram promulgados pela junta provisória de Marechal Deodoro da Fonseca, todos objetivando mitigar o número de monarquistas nas eleições constituintes de 1890 e facilitar a aprovação da Constituição de 1891 (BRASIL, 1891).

Quanto ao tema sufrágio, a nova Constituição de 1891 trouxe, em seu art. 70, a lista dos eleitores, excluindo delas os analfabetos[3]. Além disso, previu que a eleição presidencial direta e com participação popular.

No período da República Velha, o analfabeto perdeu o direito de votar e o critério de renda foi abolido. A idade mínima para votar era de 21 anos, excluíram-se mulheres, mendigos, praças e religiosos em comunidade claustral (CHAIA, 2010, p. 3).

Até a revolução de 1930, as leis eleitorais brasileiras proliferaram ao extremo, regulando os assuntos mais diversos sobre o tema eleição, caracterizando, também, um período de corrupção eleitoral.

Ferreira ensina que, posteriormente à Lei Rosa e Silva (Lei n° 1.269, de 15 de novembro de 1904, que novamente reformou a legislação eleitoral), a República foi fértil em legislação eleitoral. Todavia, as leis da República relativas ao tema, editadas até 1930, permitiam toda a sorte de fraudes, doença cujos germes podem ser buscados nos primeiros dias e anos da instalação da República (FERREIRA, 2001, p. 349).

---

[3] "Art. 70. São eleitores os cidadãos maiores de 21 anos, que se alistarem na forma da lei. § 1° Não podem alistar-se eleitores para as eleições federais, ou para as dos estados: I – os mendigos; II – os analfabetos; III – os praças de pré, excetuados os alunos das escolas militares de ensino superior; IV – os religiosos de ordens monásticas, companhias, congregações ou comunidades de qualquer denominação, sujeitas a voto de obediência, regra ou estatuto, que importe a renúncia da liberdade individual. § 2° São inelegíveis os cidadãos não alistáveis" (BRASIL, 1891).

Quanto ao sistema político brasileiro, que era entranhado de corrupções, Vitor Nunes Leal preceitua, em sua obra *Coronelismo, enxada e voto*:

> No regime de 1891, os requisitos da qualificação, as condições de elegibilidade, e o processo eleitoral das eleições municipais não eram uniformes em todo o país, porque a matéria pertencia à competência privativa dos estados. Mas neste terreno as principais restrições à autonomia municipal - entendida do ponto de vista quantitativo e não segundo o modelo ideal - eram representadas, de um lado, pela intromissão do Estado no pleito, por meio da coação, favores, emprego de dinheiros públicos e outros vícios eleitorais, e, de outro, pela interferência da política estadual dominante na composição eletiva dos órgãos municipais, através do reconhecimento ou verificação de poderes. Ainda assim, acredita-se que nossas eleições municipais, durante a primeira república, sempre foram mais moralizadas que as estaduais e federais (LEAL, 1993, p. 123-124).

Com o fim da República Velha e o início da era Vargas, surge, em 24 de fevereiro de 1932, o primeiro Código Eleitoral brasileiro, sob a égide de Decreto-Lei nº 21.076 (BRASIL, 1932).

O Código Eleitoral de 1932 concedeu o tão almejado direito de voto a todo cidadão, sem discriminação de sexo, marcando, assim, o início do voto feminino. Foi instituído o voto facultativo para os homens maiores de sessenta anos e as mulheres em qualquer idade. Todavia, os analfabetos, os mendigos e certa casta de militares permaneceram excluídos do processo de votação.

Quanto às condições de elegibilidade, exigiu que o pretenso candidato tivesse capacidade eleitoral ativa de, no mínimo, quatro anos.

Para evitar as fraudes praticadas na Primeira República, o Código Eleitoral trouxe regramento próprio quanto às garantias eleitorais ao cidadão, como forma de se viabilizar o exercício tranquilo e pacífico do direito de sufrágio.

Instituiu-se o voto secreto, que consistia em colocar uma cédula em uma carta antes de depositá-la na urna. O alistamento não era obrigatório e ficava sob o controle das autoridades judiciais (CHAIA, 2010, p. 3).

No dia 16 de julho de 1934, a Assembleia Geral Constituinte aprovou a nova Constituição da República (BRASIL, 1934), alterando a idade mínima para se votar, que passou a ser de 18 anos. Outra mudança foi a obrigatoriedade de voto para as mulheres que exerciam função pública remunerada.

A Constituinte da Segunda República adotou a eletividade como regra obrigatória para os Estados, permitindo, porém, que a eleição do executivo municipal fosse feita diretamente ou pelo voto dos vereadores. Admitiu ainda a Constituição de 1934, como exceção, que os Estados instituíssem prefeitos nomeados no município da capital e nas instâncias hidrominerais (LEAL, 1993, p. 120).

Durante o Estado Novo, a Constituição Polaca de 1937 suspendeu as eleições diretas e livres, instituindo as indiretas para o cargo de Presidente da República, com mandato de seis anos. Além disso, foi dissolvido o legislativo federal e nomeados interventores para cada um dos Estados membros (BRASIL, 1937).

Em 1945, Vargas marcou novas eleições gerais e a Constituição foi emendada. Restituiu-se a votação direta e livre para o cargo de presidente, o legislativo federal foi reconduzido às suas funções primeiras, e os candidatos a cargos políticos passaram a ser eleitos mediante sufrágio direito.

Nesse ano, foi instituído um novo Código Eleitoral, Decreto-Lei nº 7.586, que trouxe, como principal inovação, a necessidade de o candidato ao pleito estar vinculado a um partido político, conforme determina seu art. 39 (BRASIL, 1945).

Durante os anos de 1945 a 1964, o Brasil passou a ter uma nova atuação na cena política, com eleições marcadas por grande comoção popular: A exclusividade dos partidos políticos na apresentação das candidaturas, somada à obrigatoriedade do voto em sufrágio universal, levou ao estabelecimento de novas relações entre candidatos e eleitores. Antes limitada ao convencimento de uma restrita parcela da população que detinha direito ao voto, as campanhas foram ganhando, nesse período, cada vez mais importância. Isso ocorreu num cenário em que, por um lado, o eleitorado se ampliava para incluir novos atores sociais e, por outro, os partidos políticos se defrontavam com a necessidade de convencer os eleitores (BRASIL, 2014, p. 43).

Nessa época, surgiu o atual Código Eleitoral brasileiro, por meio da Lei nº 4.737, de 15 de julho de 1965 (BRASIL, 1965).

Com o golpe militar de 1964, o País experimentou nova fase restritiva de direitos políticos. Os antigos partidos políticos foram extintos. Para dar um ar de democracia, criou-se o chamado bipartidarismo. Por meio dele, o Movimento Democrático Brasileiro (MDB), a quem cabia exercer uma oposição controlada, se opunha à Aliança Renovadora Nacional (Arena), cujo papel era o de referendar as decisões tomadas pela cúpula militar (BRASIL, 2014, p. 50).

Objetivando restringir direitos, foram editados sucessivos Atos Institucionais:

a) o AI nº1 determinou eleições indiretas para o cargo de presidente da República;

b) o AI nº 2 estendeu esta restrição ao cargo de vice-presidente, passando a votação para a forma nominal. Foram dissolvidos os demais partidos, mantendo-se apenas o ARENA e o MDB. Concedeu-se, ao presidente da República, a faculdade de decretar recesso parlamentar a qualquer época, período em que o Executivo federal passaria a exercer as atribuições do parlamento;

c) o AI nº3 suspendeu as eleições diretas para os governadores de estado e para os prefeitos das capitais;

d) o AI nº4 convocou o Congresso Nacional, anteriormente fechado, para aprovar a nova Constituição, no prazo de três dias;

e) O AI nº5 endureceu de vez o regime. Concederam-se poderes ao presidente para estabelecer recesso, por tempo indeterminado, do Congresso, bem como para cassar mandatos e suspender os direitos políticos de qualquer cidadão por dez anos. Além disso, poderia ser realizado o confisco dos bens daqueles que fossem incriminados por corrupção. Não bastasse isso, o AI-5 suspendeu a garantia do *habeas-corpus*.

Esse cenário só começou a ser alterado com a eleição de Ernesto Geisel para presidente. Iniciou-se uma abertura política lenta e gradual dos direitos políticos restringidos até então. A principal medida foi edição da Emenda Constitucional nº 11 de 1978, que suspendeu os Atos Institucionais, em especial o de nº 5, e restabeleceu as eleições diretas nos estados e nas capitais.

A década de 1980 foi marcada pelo provimento das "Diretas Já", objetivando o anseio da população de eleger seus representantes de forma direta:

> Diretas Já! foi um movimento em favor de eleição direta para o cargo de presidente. Foram feitas manifestações públicas (comícios e passeatas) em várias cidades brasileiras ao longo do ano de 1983 e 1984, que mobilizaram mais de 5 milhões de pessoas. Um dos objetivos pontuais era pressionar a aprovação da Emenda Dante de Oliveira pelo Congresso. A emenda acabou sendo refutada em abril de 1984, mas o impacto se fez sentir. Em 1985 Tancredo Neves, candidato do partido de oposição ao governo, foi eleito com a ajuda de desertores do partido governista (BRASIL, 2014, p. 59).

A vitória dos reformistas, contudo, não logrou o êxito esperado, pois Tancredo Neves, primeiro presidente da República eleito indiretamente, após o período miliar, por motivos de saúde, faleceu. Isso levou seu vice, o ex-Arena José Sarney, a assumir o cargo presidencial.

Assim que assumiu, uma nova Constituinte foi convocada, resultando na atual Constituição da República Federativa do Brasil, também denominada Constituição cidadã, de 5 de outubro de 1988.

Um exemplo do exercício do direito ao sufrágio universal se deu com o plebiscito de 21 de abril de 1993, em que a população foi consultada sobre qual forma de governo gostaria de ter: monarquia, república presidencialista ou república parlamentarista, resultando na escolha da segunda, em detrimento das demais.

O constituinte de 1988 teve o cuidado de corrigir, em partes, o erro republicano de negar aos analfabetos o direito de voto. Contudo, a eles não foi concedido o direito de serem candidatos. Foi criado o voto facultativo para os jovens entre 16 e 18 anos e para os maiores de 70 anos de idade.

Após a promulgação da Constituição de 1988 (CR/88), a legislação eleitoral se expandiu com a criação de diversas leis:

a) Lei Complementar n° 64, de 18 de maio de 1990, que estabeleceu as causas de ilegibilidade;

b) Emenda Constitucional n°4, de 14 de setembro de 1993, que determinou um prazo mínimo de *vacatio legis* para leis alteradoras das regras eleitorais, de vigência no ano seguinte à promulgação;

c) Emenda Revisora n° 4, de 7 de junho de 1994, que instituiu o mandato presidencial em quatro anos;

d) Emenda Constitucional n° 16, de junho de 1997, que possibilitou a reeleição aos cargos do Executivo federal, estadual e municipal;

e) Lei n° 9.504, de 30 de setembro de 1997, que regulamentou o processo eleitoral, pretendeu evitar a edição de lei para cada uma das eleições que fossem a partir de então realizadas;

f) Lei Complementar n° 135/2010, chamada Lei da Ficha Limpa, criada por meio de iniciativa popular (CR/88, art. 61, § 2°), com o intuito de combater a corrupção eleitoral. Criaram-se hipóteses de inelegibilidade que objetivavam proteger a probidade administrativa e a moralidade no exercício do mandato;

g) Resolução-TSE nº 22.610, de 25/10/2007, alterada pela Resolução-TSE nº 22.733, de 11/3/2008, editada pelo Tribunal Superior Eleitoral, que disciplina o processo de perda de cargo eletivo e de justificação de desfiliação partidária.

2.2 Evolução história da Justiça Eleitoral brasileira

Após a sintética digressão histórica realizada no tópico anterior, cabe, como proposto, a análise, também histórica, da formação e do desenvolvimento da Justiça Eleitoral no Brasil.

A ideia de se criar um órgão independente do Legislativo e Executivo resultou na criação, em 1932, da Justiça Eleitoral, que se tornou responsável por todo o processo eleitoral, do alistamento à apuração dos votos.

No entanto, antes mesmo da criação de uma Justiça especializada, o Poder Judiciário já exercia papel regulador nas eleições.

Ainda no período quinhentista (até 1828), as eleições municipais no Brasil eram reguladas pelas Ordenanças do reino de Portugal de 1603, mais precisamente, em seu Título 67, do capítulo primeiro; que já contava com a figura do juiz eleitoral (juiz de paz era a nomenclatura utilizada), votado e eleito pelo povo que, por sua vez, era responsável pela apuração total das eleições (FERREIRA, 2001, p. 47).

Durante o Império, não mudou a visão luso-brasileira da necessidade de se ter uma junta eleitoral imparcial (formada por uma autoridade máxima, que era o juiz de paz, pessoa capaz e eleita pelo povo). Com a Lei eleitoral de 4 de maio de 1842, tal figura é robustecida com a criação de uma junta, presidida pelo juiz de paz e composta por mais dois membros (FERREIRA, 2001, p. 174).

Iniciando a República, por meio do Decreto nº 200-A de 1890, a junta provisória trouxe um regresso em relação à legislação imperial no que dizia respeito à jurisdicionalização das eleições. Retirou-se a autoridade concedida aos juízes de Direito quanto à qualificação dos eleitores e repassou-se, novamente, às autoridades locais, o que facilitou a ocorrência de fraude. Somente em 1916, durante o mandato presidencial de Wenceslau Brás, é que a competência para o alistamento voltou a ser do juiz de direito.

Após a Revolução de 1930, com a promulgação da Lei nº 21.073, de 24 de fevereiro de 1932, foi criada a Justiça Eleitoral. No entanto suas atribuições e sua independência foram mitigadas durante o Estado Novo, que durou entre 1937 e 1945.

Findo o Estado Novo, a edição do Decreto-Lei nº 7.586, de 1945 reinstalou no País a Justiça Eleitoral, de forma definitiva, passando a regular, novamente, o processo eleitoral federal.

Citem-se, entre outras de suas atribuições, as de preparar os processos eleitorais e determinar a qualificação e inscrição dos eleitores; expedir os títulos eleitorais; conceder ressalva ao eleitor, para que possa votar em determinada zona da circunscrição; nomear o presidente e os mesários das mesas receptoras; organizar as listas dos eleitores da zona respectiva, por ordem alfabética dos nomes, enviando cópia ao Tribunal Regional; e designar trinta dias antes das eleições os lugares onde deveriam se realizar as votações.

O Tribunal Superior Eleitoral, no uso de suas funções, editou sua primeira Resolução em 7 de junho de 1945, estabelecendo os prazos para o alistamento eleitoral.

Promulgada a Nova Constituição de 1946[4], seus relatores tiveram o cuidado de colocarem, como subdivisão da Justiça brasileira, a Eleitoral, assim como fez o constituinte de 1934[5].

O período militar iniciado em 1964 representou um duro golpe às instituições democráticas. A atuação da Justiça Eleitoral foi esvaziada pelos Atos Institucionais, que restringiu direitos e garantias. As eleições passaram a ser administradas pelos próprios militares. Tal cenário modificou-se apenas com a abertura gradual realizada pelo governo de Ernesto Geisel e dos movimentos populares das "Diretas Já".

Em 1984, com a eleição indireta de Tancredo Neves para presidente, a oposição, insatisfeita, movimentou um processo de infidelidade partidária dele perante o TSE, que julgou improcedente a ação e diplomou o novo presidente, demonstrando-se, assim, uma mudança de paradigma, qual seja, a Justiça Eleitoral passou a ter papel fundamental nas eleições brasileiras[6].

A Constituição cidadã de 1988[7] representa um marco importante para a consolidação da Justiça Eleitoral, que hoje está estruturada com um Tribunal

---

4 Vide art. 109 a 121, seção V do capítulo IV.

5 Vide art. 82 e 83, seção IV do capítulo IV.

6 Vide BRASIL. Tribunal Superior Eleitoral. Processo nº 7.180 de 1984, Resolução nº 12.028, de 4 de dezembro de 1984. **Diário da Justiça**, 10 dez. 1984. Disponível em:<http://www.justicaeleitoral.jus.br/arquivos/tse-resolucao-12028-fidelidade-partidaria>. Acesso em: 2 fev. 2016.

7 Vide art. 118 a 121, seção VI, capítulo III.

Superior Eleitoral (órgão de instância extraordinária e administrativa superior), 27 Tribunais Regionais Eleitorais, juízes e juntas eleitorais.

Diante do exarado, cabe concluir que a Justiça Eleitoral tem exercido, cada vez mais, papel proativo na vida política brasileira, regularizando o processo eleitoral, do cadastramento até a diplomação dos eleitos. Com as novas tecnologias, como a biometria, o processo eleitoral se torna cada vez mais seguro e confere mais credibilidade ao trabalho da Justiça Eleitoral.

3
PROCESSO ELEITORAL BRASILEIRO E SEUS PILARES (PRINCÍPIOS)

Após uma breve digressão histórica acerca da constituição do direito de sufrágio e também do surgimento e do funcionamento da Justiça Eleitoral, o estudo passará a abordar o funcionamento do processo eleitoral brasileiro, de acordo com o sistema normativo vigente.

Como já demonstrado, o ideário nacional brasileiro de sufrágio sempre se confundiu com a própria realização das eleições e com o próprio processo eleitoral. Ainda é evidente que, no Brasil, sempre se primou por um processo eleitoral cheio de garantias. Assim, toda vez que certa irregularidade pudesse enfraquecer o elo democrático, criava-se uma lei assecuratória. Atualmente, desde a CR/88, essas garantias se enriqueceram, objetivando garantir ao cidadão maior lisura, previsibilidade e confiabilidade quanto ao processo eleitoral.

Contudo o processo eleitoral vem assumindo certas nuanças capazes de causar mais prejuízos do que garantias ao jurisdicionado.

O processo eleitoral está regulado basicamente pela CR/88, pela Lei nº 4.737/65 (Código Eleitoral Brasileiro, pela Lei nº 9.096/95 (Lei dos Partidos Políticos), pela Lei nº 9.504/97 (Lei das Eleições) e por uma série de resoluções emanadas pelo TSE que objetivam regulamentar o pleito eleitoral.

Assim, torna-se necessária a elucidação dos pilares ou princípios fundamentais que sustentam o arcabouço normativo eleitoral nacional, para que se possa compreender toda a complexidade do tema proposto.

O termo princípio apresenta várias concepções, utilizando-se neste trabalho a de Robert Alexy, como mandamento de otimização, ou seja, um conjunto de normas abarcáveis para um número diverso de possibilidades jurídicas e fáticas existentes. Dessa forma, não se pretende trabalhar a acepção do termo como fundamento do direito eleitoral (postulado), mas sim como um conjunto de regras interpretativas/integradoras do processo eleitoral (hermenêutica).

Para tanto, vale ressaltar o ensinamento de Thales Tácito Cerqueira e Camila Albuquerque Cerqueira, sobre a diferenciação entre postulado, princípio e regra eleitoral:

> 1. Postulados Eleitorais: sua interpretação é absoluta, não há mutabilidade em suas premissas. Os exemplos são "dignidade da pessoa humana, em especial, o eleitor"; "a guarda do Estado do direito do voto livre" (notamos que o art. 41-A da Lei n. 9.504/97 protege este postulado); "a valorização da cidadania"; "a democracia", "a moralidade pública" (ou "pureza do processo eleitoral"). 2. Princípios Eleitorais: admitem interpretação relativa. Eles podem ser originários da CF/88 ou da legislação infraconstitucional. Assim, por exemplo, no princípio da eficiência do art. 37 da CF/88, se o agente político ou administrador consegue ser 70% eficiente (e não 100%), atingiu tal princípio. Já postulado, moralidade, por exemplo, ele tem que ser 100% idôneo, e não 70%. 3. Regras Eleitorais: ditames que obedecem aos postulados e princípios. São os "veículos" ou "instrumentos" que expressam os postulados e princípios. As regras eleitorais são materializadas nas leis eleitorais e nas resoluções do TSE (que têm força de lei) (CERQUEIRA; CERQUEIRA, 2011, p. 33-34).

Estabelecida essa diferenciação e a concepção adotada por este trabalho, será analisado o processo eleitoral como instrumento de alternância de poder, tão essencial nas democracias participativas.

Nesse sentido, a democracia participativa não é formada apenas pelo poder popular de eleger os seus governantes e participar do processo eletivo, muito antes, vai além disso, abarcando também os direitos civis individuais, sociais e econômicos.

Nos dizeres de Abraham Lincoln, a Democracia é *"the government of the people, by the people, for the people"*.

Para José Jairo Gomes, a democracia é compreendida nos planos político (participação na formação da vontade estatal), social (acesso a benefícios sociais e políticas públicas) e econômico (participação nos frutos da riqueza nacional, com acesso a bens e produtos), possibilitando a organização de um sistema protetivo de direitos humanos e fundamentais. Na base desse regime, encontra-se uma exigência ética da maior relevância, que é o respeito à dignidade da pessoa humana (GOMES, 2015, p. 40).

Por fim, analisar-se-ão as funções da Justiça Eleitoral com ênfase em sua atuação normativa e estruturante dos pleitos eleitorais.

Objetivando maior compreensão sobre o tema, far-se-á uma demonstração sobre os princípios do processo eleitoral nacional: da anualidade eleitoral; da vedação da restrição de direitos políticos, ou da atipicidade eleitoral, ou da estrita legalidade eleitoral; do devido processo legal; da proporcionalidade, ou da razoabilidade; da imparcialidade do juiz; da isonomia; dispositivo; do impulso oficial; da oralidade; da publicidade; da lealdade processual; da economia processual ou da instrumentalidade das formas e a derivação; da preclusão; da celeridade processual; e princípio da identidade física do juiz.

3.1 Princípio da anualidade eleitoral

Princípio norteador do direito eleitoral e processual eleitoral é o da anuidade eleitoral, consagrado no art. 16 da CR/88, com redação dada pela EC nº4/93. Esse princípio dispõe que a lei que alterar o processo eleitoral entrará em vigor na data de sua publicação, não se aplicando à eleição que ocorra até um ano da data de sua vigência.

Assim, a lei que altere o processo eleitoral brasileiro tem vigência imediata, ou após período de *vacatio legis* estipulado em seu texto, mas terá eficácia a partir do ano seguinte de sua publicação.

O fundamento desse disposto está no postulado de que não se devem criar leis momentos antes das eleições que venham possibilitar a perpetuação de grupo político, econômico ou social no Poder (Executivo ou Legislativo).

Sobre o tema, José Jairo Gomes afirma que essa restrição tem em vista impedir mudanças casuísticas na legislação eleitoral que possam surpreender os participantes do certame que se avizinha, beneficiando ou prejudicando candidatos; com o acréscimo de que também visa propiciar estabilidade, previsibilidade e, pois, segurança jurídica acerca das normas a serem observadas (GOMES, 2015, p. 250).

O Supremo Tribunal Federal (STF), na análise da ADI nº 3.685/DF, teve a oportunidade de demonstrar que esse princípio constitui, inclusive, cláusula pétrea e, portanto, o constituinte derivado não pode mais modificá-lo ou extirpá-lo da Constituição.

> [...] princípio da anterioridade eleitoral, disposto no art. 16 da CF, que busca evitar a utilização abusiva ou casuística do processo legislativo como instrumento de manipulação e de deformação do processo

> eleitoral (ADI 354, rel. Min. Octavio Gallotti, DJ 12.02.93) (...) o art. 16 representa garantia individual do cidadão-eleitor, detentor originário do poder exercido pelos representantes eleitos e "a quem assiste o direito de receber, do Estado, o necessário grau de segurança e de certeza jurídicas contra alterações abruptas das regras inerentes à disputa eleitoral" (ADI 3.345, rel. Min. Celso de Mello). 5. Além de o referido princípio conter, em si mesmo, elementos que o caracterizam como uma garantia fundamental oponível até mesmo à atividade do legislador constituinte derivado, nos termos dos arts. 5º, § 2º, e 60, § 4º, IV, a burla ao que contido no art. 16 ainda afronta os direitos individuais da segurança jurídica (CF, art. 5º, caput) e do devido processo legal (CF, art. 5º, LIV). (STF, ADI 3.685/DF, Min. Rel. Min. Ellen Gracie, DJ 10/08/06).

O STF ainda se manifestou quanto ao que seria direito processual eleitoral, em sede da ADI nº 3.345/DF:

O processo eleitoral, que constitui sucessão ordenada de atos e estágios causalmente vinculados entre si, supõe, em função dos objetivos que lhe são inerentes, a sua integral submissão a uma disciplina jurídica que, ao discriminar os momentos que o compõem, indica as fases em que ele se desenvolve: (a) fase pré-eleitoral, que, iniciando-se com a realização das convenções partidárias e a escolha de candidaturas, estende-se até a propaganda eleitoral respectiva; (b) fase eleitoral propriamente dita, que compreende o início, a realização e o encerramento da votação e (c) fase pós-eleitoral, que principia com a apuração e contagem de votos e termina com a diplomação dos candidatos eleitos, bem assim dos seus respectivos suplentes – ADI 3.345, Min. Rel. Celso de Melo, j. 25/8/05 e p. 20/8/10.

Dessa forma, tem-se que o princípio da anualidade eleitoral é uma cláusula pétrea, resguardada pelo art. 60, § 4º, da CR/88, essencial para o postulado da segurança jurídica, no que diz respeito às normas aplicáveis ao processo eleitoral do pleito a que se destinam as normas editadas.

Por fim, é prudente ressaltar que o STF tem entendido que o termo lei presente no art. 16 da CR/88 deve ser compreendido em sentido próprio quanto ao fato de a norma ser inovadora. Assim sendo, o Tribunal Superior Eleitoral (TSE) vem entendendo que suas resoluções eleitorais não estão inclusas nessa noção e, por isso, poderiam ser editadas e aplicadas no ano do pleito, sem que isso viole o princípio da anualidade eleitoral (SILVA; SANTOS; STUDART, 2015, p. 12).

3.2 Princípio da vedação da restrição de direitos políticos

No direito eleitoral e processual eleitoral, tem-se esse princípio como o *in dubio pro reo* da seara eleitoral, pois o intérprete da norma não pode estabelecer restrições aos direitos políticos do cidadão eleitor nem ao candidato elegível quando a própria lei não o faz. Em caso de dúvida, deve-se interpretar a norma em benefício deles (CERQUEIRA; CERQUEIRA, 2011).

Exemplo de restrição aos direitos políticos está na CR/88 que, em seu art. 12, § 3º, lista os cargos privativos de brasileiros natos. Assim, por tal princípio, tem-se que, se a lei não restringiu, não cabe ao intérprete fazê-lo. Os direitos políticos são *numerus clausus*, assim o intérprete não pode nem ampliá-los, quanto mais restringi-los.

Como bem leciona Carlos Maximiliano, as normas sancionadoras estão inseridas no princípio da reserva legal. O brocardo sintetiza o dever de aplicar o conceito excepcional só à espécie que ele exprime, nada acrescido, nem suprimido ao que a norma encerra, observada esta, portanto, em toda a sua plenitude (MAXIMILIANO, 2014, p. 52, 235-236).

3.3 Princípio do devido processo legal

De acordo com esse princípio e assim como em todo processo, as partes litigantes possuem o direito de ter um processo íntegro e uma sentença que alcance o mais próximo possível o patamar de justiça.

O devido processo legal se subdivide em duas partes: o devido processo legal substantivo, que se estriba no princípio da proporcionalidade e da razoabilidade, ou seja, o legislador deve criar normas procedimentais justas; e o devido processo judicial, que traz a ideia de que todo o processo se baseará em um procedimento dito e regulado previamente em lei, que, por sua vez, deve ser estritamente seguido.

O constituinte de 1988 elencou tal princípio no rol dos direitos fundamentais, ao dispor no art. 5º, LIV, que ninguém será privado da liberdade ou de seus bens sem o devido processo legal.

Deve se destacar, ainda, que o devido processo legal exige uma disputa em paridade de armas, o que J.J. Gomes Canotilho (2003, p. 321) denominou de dimensão fundamental do princípio de igualdade de oportunidades.

3.4 Princípio da proporcionalidade

A proporcionalidade é um princípio geral da ciência do Direito, sendo o aspecto substancial do devido processo legal, estando assim esculpido no art. 5º, LIV, da CR/88. Desse modo, presume-se que todos os atos do Poder Público não devem ser dotados de arbitrariedade.

No Direito brasileiro, constitui um instrumento de aferição da constitucionalidade das normas e decisões judiciais que, por sua vez, devem ser tomadas com critérios mínimos de justiça e respeito aos direitos fundamentais. Mas há que se destacar que até os direitos fundamentais apresentam restrições aos demais direitos, também fundamentais. Assim, em determinado caso concreto, um deve ceder espaço para o outro.

Outro viés desse princípio diz respeito ao fato de que a decisão judicial tomada deve ser adequada para o fim a que se destina, assim como proporcional ao ato ilegal praticado.

A aplicação da sanção deve ser norteada pelo princípio da proporcionalidade, sobretudo quando comprovado o ilícito a norma prevê mais de um tipo de penalidade. Citem-se, por exemplo, as condutas vedadas previstas no art. 73 da Lei nº 9.504/97. A norma prevê que sua ocorrência implica – mas não necessariamente – a cassação do registro ou do diploma, além da aplicação de multa (BRASIL, 1997).

O TSE, conforme sedimentada jurisprudência, tem entendido que o reconhecimento da prática da conduta vedada não impõe a aplicação automática da cassação do diploma, devendo ser aplicados os princípios da proporcionalidade e da razoabilidade, uma vez que a sanção deve ser proporcional ao ato ilícito praticado[1].

Esse princípio tem sido muito utilizado nos julgamentos das prestações de contas de campanha. Nos casos em que as falhas apontadas não comprometem a regularidade das contas, o princípio da proporcionalidade é invocado para que elas sejam aprovadas, ainda que com ressalvas.

---

1 Sobre o tema, leia-se o teor do acórdão proferido pelo TSE no AgRg *nº 28.234/RJ – Rel. Min. Luciana* Lóssio, DJE 24/2/2016.

3.5 Princípio da imparcialidade do juiz eleitoral

O princípio da imparcialidade do juiz está presente em todo o processo. Contudo, no campo eleitoral, o princípio da imparcialidade do juiz vai além, uma vez que impede o exercente de cargo público, como o juiz, o promotor, o defensor público, entre outros, de participar de qualquer pleito antes que ele se desvincule do cargo. O objetivo é evitar a parcialidade na votação, assim como a falta de imparcialidade do exercente em suas decisões ou manifestações processuais, beneficiando seus correligionários e desfavorecendo seus oponentes políticos.

Desse modo, o juiz eleitoral não pode atuar em processo em que for parte, em que interveio como mandatário da parte, oficiou como perito, funcionou como órgão do Ministério Público, ou prestou depoimento como testemunha; que conheceu em primeiro grau de jurisdição, tendo-lhe proferido sentença ou decisão; quando nele estiver postulando, como advogado da parte, seu cônjuge ou qualquer parente seu, consanguíneo ou afim, em linha reta, ou na linha colateral até o segundo grau; quando cônjuge, parente, consanguíneo ou afim, de alguma das partes, em linha reta, ou na colateral, até o terceiro grau; quando for órgão de direção ou de administração de pessoa jurídica, parte na causa; e quando for candidato ao pleito eleitoral que ocorrerá.

O § 3º, do art. 14, do Código Eleitoral, dispunha que o juiz eleitoral não poderá exercer jurisdição quando seu cônjuge ou parente consanguíneo ou até mesmo afim, até o segundo grau, for candidato a cargo eletivo registrado na sua circunscrição, no período consistente entre a homologação da convenção partidária e a diplomação do seu parente (BRASIL, 1965)[2]. No entanto, a Lei nº 13.165, de 2015, ampliou a vedação para estender o impedimento aos "feitos decorrentes do processo eleitoral", alcançando, pois, as ações propostas após a diplomação (BRASIL, 2015).

---

[2] Nesse sentido, decidiu o TSE na Resolução nº 21.108/GO, Min. Sálvio Figueiredo, DJU 9/8/2012: Trata-se, portanto, de "impedimento absoluto ao exercício das funções eleitorais, no período compreendido entre a homologação da respectiva convenção partidária e a apuração final das eleições". Contudo, desde a resposta à CTA nº 4.120/DF, Min. Antônio Neder, 14/8/1970, o TSE já preconizava que "o impedimento, nos termos amplos do art. 14, § 3º, do Código Eleitoral, é completo, isto é, alcança toda a jurisdição que o juiz exerce na Justiça Eleitoral, não havendo como distinguir, na referida norma, espécies de jurisdição para efeito de impedimento", afirmando, ainda, que "*é* absoluto o impedimento" (CTA nº 14.490/DF, Min. Torquato Jardim, DJU 25.08.1994).

Antes mesmo dessa ampliação, a Lei n° 9.504/97 já havia trazido esse princípio esculpido em seu art. 95, ao dispor que ao juiz eleitoral que fosse parte em ações judiciais que envolvessem determinado candidato, era defeso exercer suas funções em processo eleitoral no qual o mesmo candidato fosse interessado.

3.6 Princípio dispositivo

Como regra, tem-se que o juiz eleitoral não pode dar início ao processo eleitoral cível ou penal sem prévia manifestação das partes. Tal matéria está disciplinada na Súmula n° 18 do TSE, que dispõe que, "conquanto investido de poder de polícia, não tem legitimidade o juiz eleitoral para, de ofício, instaurar procedimento com a finalidade de impor multa pela veiculação de propaganda eleitoral em desacordo com a Lei nº 9.504/97" (BRASIL, 2000).

Porém, no exercício de sua atividade administrativa, o juiz eleitoral pode agir de ofício, sem que haja qualquer manifestação das partes envolvidas, assim como nos procedimentos penais, com o fito de se alcançar a verdade real dos fatos alegados.

Exceções a esse princípio são facilmente encontradas nas leis eleitorais, como no art. 5°, § 2º, e no art. 7º, parágrafo único, ambos da Lei Complementar nº 64/90:

> Art. 5º. Decorrido o prazo para contestação, se não se tratar apenas de matéria de direito e a prova protestada for relevante, serão designados os 4 (quatro) dias seguintes para inquirição das testemunhas do impugnante e do impugnado, as quais comparecerão por iniciativa das partes que as tiverem arrolado, com notificação judicial: § 2º. Nos 5 (cinco) dias subsequentes, o Juiz, ou o Relator, procederá a todas as diligências que determinar, de ofício ou a requerimento das partes.
>
> [...]
>
> Art. 7º. Parágrafo único. O Juiz, ou Tribunal, formará sua convicção pela livre apreciação da prova, atendendo aos fatos e às circunstâncias constantes dos autos, ainda que não alegados pelas partes, mencionando, na decisão, os que motivaram seu convencimento (BRASIL, 1990).

O princípio dispositivo, como ensina José Jairo Gomes, faz com que a jurisdição eleitoral só se dê em virtude da iniciativa das partes legitimadas para tanto. De outro lado, a atuação *ex officio* do órgão da Justiça Eleitoral só encontra fundamento nos domínios do poder de polícia (GOMES, 2015, p. 60).

3.7 Princípio do impulso oficial

Esse princípio é corolário do anterior, mas com ele não se confunde nem se contrapõe. Pelo princípio dispositivo, cabe às partes iniciarem o processo eleitoral e procederem à realização dos atos necessários para dar ao magistrado seu livre convencimento. Já o impulso oficial impõe ao juiz uma atividade proativa de impulsão do processo eleitoral para uma prestação célere do direito almejado, ocorrendo uma duração razoável do processo eleitoral.

Assim, entende-se como princípio do impulso oficial a atuação do juiz eleitoral no processo com o fito de dar-lhe seu cumprimento efetivo em um prazo razoável respeitando-se as garantias constitucionais, como o devido processo, duração razoável do processo, a ampla defesa e o contraditório.

O princípio sob análise está esculpido no art. 5º, LXXVIII, da CR/88, ao dispor que a todos, no âmbito judicial e administrativo, são assegurados a razoável duração do processo e os meios que garantam a celeridade de sua tramitação.

Sobre o tema já decidiu o TRE-RJ:

> A inércia do Poder Judiciário é sempre inicial. Após ser formalmente iniciado com a demanda da parte autora, o processo se desenvolve por impulso oficial, a teor do artigo 262 do CPC. A partir desse momento, constitui dever processual do magistrado dirigir o processo, competindo-lhe velar pela tramitação regular do procedimento e pela rápida solução do litígio (artigo 125, II, CPC). Deve o juiz conduzir o processo a seu desfecho natural de efetivação do direito material em discussão, em ordem a evitar a produção de sentenças que não possuam eficácia jurídica. (TRE-RJ, RE nº 28.234 – Rel. Des. Edson Aguiar de Vasconcelos, DJE 13/11/2014)

Por fim, como ensina José Jairo Gomes, os atos processuais devem ser praticados pelo órgão judicial ou pelos servidores públicos a ele vinculados, sem que seja necessária a manifestação das partes para que o processo avance em suas fases ulteriores (GOMES, 2015, p. 60-61).

3.8 Princípio da publicidade

A publicidade como princípio do processo eleitoral está esculpida no art. 5º, LX, da CR/88, limitando o direito de informação somente àquelas ações que tutelam direito à intimidade (como as ações de família e sucessões) ou quando o interesse social exigir. Contudo o próprio texto constitucional restringe tal princípio em seu art. 93, IX, ao dispor que todos os julgamentos dos órgãos do Poder Judiciário serão públicos, podendo, entretanto, a lei limitar a presença, em determinados atos, às próprias partes e a seus advogados, ou somente a estes, em casos nos quais a preservação do direito à intimidade do interessado no sigilo não prejudique o interesse público à informação.

Exceção ao princípio da publicidade é a ação de impugnação de mandato eletivo, que, nos termos do disposto no art. 14, § 11, da CR/88, tramita sob segredo de justiça. Tal questão já foi objeto de resposta do TSE, que ratificou o texto constitucional:

> CONSULTA. MINISTÉRIO PÚBLICO ELEITORAL. AÇÃO DE IMPUGNAÇÃO DE MANDATO ELETIVO. SEGREDO DE JUSTIÇA. ART. 14, §11 E ART. 93, IX DA CONSTITUIÇÃO DA REPÚBLICA.
>
> 1. O trâmite da ação de impugnação de mandato eletivo deve ser realizado em segredo de justiça, mas o seu julgamento deve ser público (Cta 18.961/TO, Rel. Min. Ellen Gracie, DJE 27/4/2009).
>
> 2. A nova redação do art. 93, IX, da CR/88, dada pela EC 45/04, não determina que todos os processos tramitem publicamente, mas apenas que os julgamentos sejam públicos. Embora a regra seja a publicidade dos processos judiciais, é possível que exceções sejam previstas, mormente no próprio texto constitucional. Permanece em vigor o disposto no art. 14, §11, da CR/88, que impõe o segredo de justiça ao trâmite da ação de impugnação de mandato.
>
> 3. Consulta conhecida e respondida positivamente, pela permanência da obrigatoriedade da decretação de segredo de justiça no processamento das ações de impugnação de mandato eletivo. (TSE, Consulta nº 1.716/ Resolução nº 23.210, Rel. Min. Félix Fischer, DJE 11/2/2010).

José Jairo Gomes sinaliza que o princípio da publicidade, um dos mais importantes do processo eleitoral, é que garante o controle dos atos estatais. Enfatiza o autor que a atividade jurisdicional deve ser sempre exercida publicamente, sobretudo em se tratando de processos de interesse da coletividade como os eleitorais (GOMES, 2015, p. 61).

3.9 Princípio da lealdade processual

O processo não é um fim em si mesmo, mas uma forma de se alcançar a pacificação social por meio de uma série ordenada de atos que levam a tal satisfação. Daí que não deva ser um instrumento temerário de imposição de vontades. Para tanto, é necessário que as partes envolvidas ajam com parcimônia, honestidade e lealdade entre si, não faltando com a verdade e o respeito.

Na seara eleitoral, é fácil perceber a utilização do processo eleitoral como forma de inconformismo pela perda das eleições[3]. Assim, o legislador constituinte já prescreveu uma sanção para esse ato no próprio art. 14, § 11, da CR/88, ao dispor que, na ação de impugnação de mandato, o seu autor responderá, na forma da lei, se ela for temerária ou de manifesta má-fé.

Dessa forma, todas as partes envolvidas no processo eleitoral devem agir com lealdade e não utilizarem desse meio como forma de se alcançar um novo turno eleitoral, sob pena de sanção legal, mas como instrumento capaz de se alçar a pacificação social. Sobre o tema lecionam Ada Pelegrini Grinover, Antônio Carlos de Araújo Cinta e Cândido Rangel Dinamarco:

> O princípio que impõe esses deveres de moralidade e probidade a todos aqueles que participam do processo (partes, juízes e auxiliares da justiça; advogados e membros do Ministério Público) denomina-se princípio da lealdade processual [...]. As regras condensadas no denominado princípio da lealdade visam exatamente a conter os litigantes e a lhes impor uma conduta que possa levar o processo à consecução de seus objetivos [...]. O desrespeito ao dever de lealdade processual traduz em ilícito processual (compreendendo o dolo e a fraude processuais), ao qual correspondem sanções processuais (GRINOVER; CINTRA; DINAMARCO, 2011, p. 80-81).

De acordo com José Jairo Gomes, o princípio em análise prescreve a necessidade de que as partes envolvidas em uma lide eleitoral participem de todo o processo com o dever de lealdade e boa-fé, "o que implica expor os fatos em juízo conforme a verdade (CPC-1973 art. 14, "I" e "II"), isto é, de acordo com a realidade" (GOMES, 2015, p. 61).

3.10 Princípio da economia processual ou da instrumentalidade das formas

Por este princípio, os atos processuais, ainda que não tenham sido realizados mediante forma prescrita em lei, mas que alcançaram o resultado almejado pelo legislador, devem ser considerados válidos, e não anulados de plano como

---

3 Nesse sentido cumpre transcrever o incisivo comentário do eminente Min. Gilmar Mendes no RCED nº 613/DF, relatado pelo Min. Carlos Velloso, DJU 20/9/2006, de que "a Justiça Eleitoral não é o lócus – até diria de uma maneira mais enfática – não é hospital psiquiátrico para resolver um problema crucial do processo democrático, que é a falta de votos".

preceitua a teoria das nulidades. Isso se justifica pela utilização do princípio da proporcionalidade e da razoabilidade, com o fim último de se atingir resultados concretos em menor tempo, ou seja, uma verdadeira economia processual.

Por economia processual pode-se entender que o processo, não sendo um fim em si mesmo, deve ter o máximo de agilidade na consecução de seus objetivos, que é a tutela dos direitos envolvidos. Assim, cabe ao juiz não nulificar todo o processo devido a um erro de parte dele, ou inobservância de alguma forma legal, e sim aproveitar o que for possível e refazer o que não for.

Note-se que o princípio da economia processual preconiza o máximo resultado na atuação do direito com o mínimo emprego possível de atividades processuais (GRINOVER; CINTRA; DINAMARCO, 2011, p. 82).

Tal postulado se encontra no art. 5º, LXXVIII, *in fine*, da CR/88, que dispõe que a todos, no âmbito judicial e administrativo, são assegurados a razoável duração do processo e os meios que garantam a celeridade de sua tramitação.

Na Justiça Eleitoral, não se difere a utilização deste princípio, pois em diversas formas pode-se observá-lo nos seguintes julgados:

> A prescrição, enquanto matéria de ordem pública, é cognoscível *ex officio* pelo magistrado, em homenagem ao postulado da economia processual e da duração razoável do processo. (TSE, ED-PC nº 44, Rel. Min. Luiz Fux, DJE 23/6/2015).
>
> Em virtude do princípio da instrumentalidade das formas, insculpido no art. 249, § 2º, do CPC, o julgador não deverá pronunciar a nulidade, nem mandar repetir o ato nulo, quando puder decidir o mérito a favor da parte a quem aproveita a nulidade. (TSE, Respe nº 8.351, Rel. Min. Luciana Cristina Guimaraes Lóssio, DJE 18/3/2015).
>
> Os embargos de declaração opostos com pretensão infringente à decisão monocrática devem ser admitidos como agravo regimental, em nome dos princípios da economia processual e da fungibilidade. (TSE, ED-Respe nº 307.258, Rel. Min. Luciana Cristina Guimaraes Lóssio, DJE 21/10/2014)
>
> A juntada tardia de certidão faltante deve ser considerada pelo julgador enquanto não esgotada a instância ordinária, até mesmo em razão da ausência de prejuízo ao processo eleitoral. Incidência, na espécie, dos princípios da instrumentalidade das formas, da razoabilidade e da proporcionalidade. Não se pode impedir que um cidadão partícipe do processo democrático com fundamento em questões estritamente formais, quando restar materialmente demonstrado nos autos que

todos os requisitos exigidos para a candidatura foram atendidos. (TSE, Ag. Respe nº 122.571, Rel. Min. Luciana Cristina Guimaraes Lóssio, DJE18/9/2014).

A publicação da decisão no órgão de imprensa oficial contendo o nome incompleto do advogado constituído pela parte implica a nulidade desse ato. Por medida de economia e celeridade processuais, admite-se o agravo regimental e procede-se desde logo ao seu exame. (TSE, Ag-Respe nº 3.511, Rel. Min. João Otávio de Noronha, DJE 20/11/2013)

Por fim, vale ressaltar o disposto no art. 219 do Código Eleitoral brasileiro, segundo o qual, na aplicação da lei eleitoral, o juiz atenderá sempre aos fins e resultados a que ela se dirige, abstendo-se de pronunciar nulidades sem demonstração de prejuízo. Vale lembrar que a declaração de nulidade não poderá ser requerida pela parte que lhe deu causa nem a ela aproveitar (GOMES, 2015, p. 62).

3.11 Princípio da celeridade processual

O princípio da celeridade processual pressupõe que o processo eleitoral deve ter duração razoável. Não deve ser ínfima ao ponto de inviabilizar o devido processo legal, mas também não deve se delongar no tempo, inviabilizando a prestação jurisdicional.

Em matéria eleitoral, há manifestação maior da celeridade eleitoral, com prazos distintos dos estabelecidos pelo Código de Processo Civil (CPC), justamente pelo fato de os direitos tutelados necessitarem de rápida análise a fim de que não se inviabilize a tutela jurisdicional, como ocorreria no caso do indeferimento de um registro de candidatura, se a análise do recurso fosse feita somente após o pleito.

O TSE já reconheceu a necessidade de um processo eleitoral célere:

A determinação de formação de autos suplementares não se reveste de conteúdo decisório, razão pela qual não desafia a interposição de recurso. Ademais, o ato encontra respaldo no princípio da duração razoável do processo, disposto no art. 5º, inc. LXXVIII, da Constituição Federal de 1988 e no princípio da celeridade que rege todo o processo eleitoral [...] - TSE, AgR-RO nº 50.406, Rel. Min. Dias Toffoli, DJE 27/11/2015.

José Jairo Gomes evidencia que tal princípio é elevado à categoria de garantia fundamental, uma vez que as demandas decorrentes de propaganda eleitoral irregular e direito de resposta devem ser resolvidas antes mesmo do pleito. Os mandatos públicos eletivos igualmente têm duração limitada no tempo. Ainda complementa o ilustre professor que na seara eleitoral a demora exagerada do processo pode significar a inutilidade do provimento jurisdicional (GOMES, 2015, p. 59-60).

3.12 Considerações sobre o processo eleitoral brasileiro e seus princípios

Observa-se que o processo eleitoral brasileiro é rodeado de garantias capazes de lhe outorgar estabilidade e segurança jurídica e estrutural. Muitos desses postulados fazem da atuação do magistrado eleitoral uma verdadeira atuação em defesa da ordem democrática e dos pilares da República, como é o caso da lealdade processual, imparcialidade do juiz, vedação à restrição de direitos políticos, da isonomia, entre outros.

Contudo o texto constitucional elenca garantias de excelso valor para o processo eleitoral brasileiro e para a própria sociedade instituída. É o caso do devido processo legal, da celeridade, da proporcionalidade e instrumentalidade das formas. Assim, o juiz, da mesma forma como tem que ser parcimonioso e cuidadoso na análise dos pedidos, deve prestar a atividade judicante no menor espaço de tempo para que o excesso de garantias não se torne um obstáculo e uma verdadeira insegurança jurídica.

Como poderá se aferir no decurso deste trabalho, os prazos da Justiça Eleitoral são exíguos em comparação com o número de atividades que tais órgãos exercem e com a quantidade reduzida de magistrados. Mesmo assim, como protetora superior da democracia nacional, a Justiça Eleitoral deverá pautar suas ações pelo objetivo de proporcionar a seu jurisdicionado processo seguro e célere.

O que se quer demonstrar é que o processo eleitoral deve ser equilibrado, ou seja, que por ele se alcance um meio termo entre as garantias concedidas e a rapidez na prestação da jurisdição eleitoral. Assim, ele não deve ser por demais célere, capaz de causar a inaplicação de alguma garantia constitucional, mas ao mesmo tempo não pode ser longo nem desrespeitar os prazos estabelecidos, causando maior insegurança jurídica à população nacional.

4
ELEIÇÃO COMO PROCESSO LEGITIMADOR DA ALTERNÂNCIA DE PODER

A eleição é um processo pelo qual o cidadão pode exercer seu direito pleno de sufrágio, ou seja, é o ponto culminante do exercício democrático, momento em que ele (o cidadão) pode votar e ser votado por seus pares, ressalvado o caso de inelegibilidade.

Como demonstrado, o ideário de sufrágio nem sempre foi universal na legislação brasileira. E como o processo eleitoral está umbilicalmente ligado ao exercício dos direitos políticos, em especial o de sufrágio, nota-se que ele muitas vezes foi alterado ao longo da história política nacional.

Até hoje o processo eleitoral é marcado por princípios moduladores de seu arcabouço legislativo e de sua própria atuação. Assim, se tornou verdadeiro instrumento de exercício democrático da cidadania brasileira. O direito de sufrágio, por sua vez, se fortaleceu para ser o mais universal possível, o que garantiu mais participação popular no pleito.

O resultado é que o processo eleitoral passou a ser a forma realmente democrática de exercício do sufrágio universal. A maioria escolhe os rumos da nação, elegendo seus representantes, contudo, deve respeitar as minorias acima de tudo. Isso graças às garantias constitucionais eleitorais, como demonstrado no capítulo anterior.

Nesse contexto, é salutar memorar que a participação do cidadão no pleito não se dá unicamente no dia das eleições por meio do voto. A partir do momento em que ele decide ser candidato ou fazer campanha para um candidato, já está trabalhando no processo eleitoral. Assim, deve-se garantir-lhe um processo com lisura e celeridade, que transmita segurança jurídica à ordem democrática e à própria atuação da Justiça Eleitoral, por exemplo, com o cumprimento dos prazos processuais estabelecidos em lei.

Deve-se ressaltar que a cidadania é o exercício da soberania popular por meio da escolha livre e organizada dos destínos do território ao qual tal povo se une, exercitada por cada indivíduo em separado, como titular de um poder legítimo.

Adriano Soares da Costa, citando Cármen Lúcia Antunes Rocha, demonstra que a cidadania tem *status* constitucional e é assegurada ao indivíduo ser titular do direito à participação ativa na formação da vontade nacional (COSTA, A., 2013, p. 35). O autor explica que a concretização dessa vontade foi transformada em direito definidor, tanto na institucionalização do poder quanto na limitação das liberdades públicas e no controle das ações do poder (COSTA, A., 2013, p. 35-36).

Contudo, a cidadania nem sempre foi um direito assegurado ao povo, como demonstrado no segundo capítulo deste livro. O direito de participação na vida política, em especial a brasileira, sofreu e ainda sofre mudanças, as mais díspares possíveis. A apoteose da noção de cidadania se deu com o Iluminismo e a ascensão dos burgueses ao poder, em que se começou a questionar a vontade soberana do déspota e o povo passou a ter participação na vida pública.

A cidadania, após o Iluminismo, é vista como o indicativo corolário do direito de nacionalidade, segundo o qual uma pessoa está ligada a um Estado-Nação determinado. Mas o conceito terminológico de cidadão não se esgota aqui, vai muito além. Sendo cidadã a pessoa possuidora, em um território nacional, de direitos civis, sociais e políticos, ela é capaz de se orientar e determinar o rumo que pretende para a solução das mazelas comunitárias. Esse ideário se concede ao Iluminismo, por ser ele o movimento caracterizado pela luta de classes burguesas que levaram ao fim do pensamento teocêntrico e monárquico inquestionável, tendo notáveis vozes, tais como Rousseau, Locke e Voltaire. Dito isso, não é difícil a percepção de que não há cidadania longe da ideia moderna iluminista de povo, território e poder, organizados em um verdadeiro contrato social.

Em termos mais singelos, pode-se afirmar que a cidadania é apanágio dos povos civilizados, que, após lutas históricas, conseguiram entronizar a soberania popular como fonte de todo o poder (COSTA, A., 2013, p. 35).

A democracia é um postulado do Direito Eleitoral brasileiro e de toda a sociedade republicana. Como ensina José Jairo Gomes, "mais que princípio inscrito na Lei Magna, a democracia constitui fundamento e valor essencial das sociedades ocidentais, definindo sua estética, o modo como elas existem e operam" (GOMES, 2015, p. 37-38).

Um dos maiores valores da sociedade atual é a democracia, mas vale ressaltar que é necessário certo grau de desenvolvimento social, de sorte que o povo tenha atingido nível razoável de independência e amadurecimento, para que as principais decisões possam ser tomadas com liberdade e consciência (GOMES, 2015, p. 38).

A evolução de uma sociedade é resultado de diversos padrões de melhorias na qualidade de vida do cidadão brasileiro. A Constituição da República de 1988 não incorreu no erro de suas antecessoras em não proteger os direitos de terceira e quarta geração. Estes, como o direito à saúde, à moradia digna, à alimentação, ao transporte público de qualidade, ao meio ambiente ecologicamente equilibrado, a uma política transparente, a uma democracia efetivamente participativa, devendo não somente o governo, mas também toda a sociedade, zelar por seu cumprimento.

A democracia apresenta como corolários fundamentais os ideais de liberdade e igualdade, pois sem liberdade o povo não pode se governar de forma soberana e independente, e sem igualdade não é possível a participação de todos os cidadãos sem a imposição de diferenças artificiais e injustificáveis, como a origem social, cor, grau de instrução, riqueza ou nível intelectual. Com efeito, é necessário que se forme na comunidade um autêntico espírito de honestidade, de solidariedade e de cooperação, de modo que o bem comum seja sempre priorizado (GOMES, 2015, p. 39).

Assim, é possível demonstrar que em um regime democrático é necessário um debate público e permanente de ideias acerca das possíveis soluções para os problemas relevantes da vida social. Para tanto, as pessoas precisam ter uma consciência política formada com o intuito de não serem levadas pelos discursos de massa veiculados nos meios de comunicação controlados pela elite partidária. "Assim, é preciso que o povo goze de amplas liberdades públicas, como direito de reunião, de associação, de manifestação, de crença, de liberdade de opinião e de imprensa" (GOMES, 2015, p. 40).

Também é claro que não é possível alcançar os ideários de liberdade e igualdade da democracia participativa sem que "esteja implantado um sistema eleitoral confiável, dotado de técnicas seguras e instrumentos eficazes, aptos a captar com imparcialidade a vontade popular, de maneira a conferir segurança e legitimidade às eleições" (GOMES, 2015, p. 40).

O ponto de sustentação do sistema eleitoral é o direito ao sufrágio. Contudo, o exercício consciente do voto passa, obrigatoriamente, pela existência de uma sociedade democrática que permita a expressão livre e igualitária de seus ideais sociais.

Inexiste eleição legítima sem processo eleitoral formalizado e seguro. Por sua vez, não há processo eleitoral seguro sem participação social efetiva, livre e igualitária (sufrágio universal). De forma simples é possível afirmar que não há eleição legítima sem que haja dialética de ideais cidadãs a serem discutidas.

As eleições no Direito Eleitoral brasileiro podem, a partir de então, ser conceituadas como um processo democrático pelo qual o cidadão brasileiro é investido de direito ao sufrágio. Este, por sua vez, é a capacidade eleitoral ativa de votar (alistamento) e de ser votado (elegibilidade); sendo um direito público subjetivo de participar diretamente, ou mediante representação de seus eleitos, na formação da vontade social. Tal processo deve ser regulado pelas ditas normas de Direito Eleitoral, igualitárias e imparciais.

Sobre o tema, Edson de Rezende Castro elucida que o Direito Eleitoral cuida da capacidade eleitoral ativa, isto é, do direito de votar. Além disso, define quem poderá vir a ser votado, ou seja, quem detém capacidade eleitoral passiva (CASTRO, 2014, p. 1).

Posto isto, cabe demonstrar que, na sociedade democrática brasileira, as eleições têm sua organização feita por meio da Justiça Eleitoral, que se inicia bem antes do pleito e finaliza após a diplomação. Quanto ao exercício livre e igualitário da cidadania, vale ressaltar que a democracia pátria é mais partidária ou indireta do que semidireta, a qual o cidadão é chamado para decidir de forma direta sobre assunto de extrema relevância para o desenvolvimento do País, tais como o plebiscito e o referendo, além das leis de iniciativas populares.

Uma partidocracia[1] é a democracia indireta[2], nesta a representação política se faz por meio dos partidos políticos. O aparato partidário é assegurado no art. 14, § 3º, V, da CR/88, que elencou, entre as condições de elegibilidade, a filiação partidária.

Pode-se entender por filiação partidária o princípio insculpido no § 1º do art. 17 da CR/88, que defende a ideologia política. A fidelidade partidária não se confunde com a submissão partidária, uma vez que é composta por um grupo de pessoas que compartilham de um ideário comum, e como filiados desse ideário lhe são fieis e não meros cumpridores (SILVA; SANTOS, 2013, p. 17).

Ressalte-se que a CR/88 teve o cuidado e a sensibilidade de reconhecer a importância dos partidos políticos para a democracia atual, não se limitando a criá-los, mas a dispor sobre sua necessidade de ideologia partidária (§ 1º do art. 17), assim como sua autonomia, garantindo-lhes isenção para a criação, modificação e extinção (SILVA; SANTOS; STUDART, 2015, p. 17).

Vale lembrar ainda que o mandato eletivo pertence à agremiação política e não ao eleito, como ensina José Jairo Gomes, "consequentemente, se o mandatário se desliga da agremiação pela qual foi eleito, perde igualmente o mandato, salvo se houver justa causa" (GOMES, 2015, p. 42).

Certo é, também, que os partidos políticos são agremiações formadas por grupos sociais, que catalisam, (re)organizam e transformam em lemas os anseios populares mais diversos, sem romper, em definitivo, com a forma de governo instituída.

Atualmente, em uma democracia formada com mais de 200 milhões de cidadãos, como é a brasileira, e levando-se em consideração as dimensões continentais do País, a democracia direta tornou-se inviável, uma vez que as decisões levariam muito tempo para serem tomadas e não teriam o efeito necessário a tempo.

---

1 Tal nome é desenvolvido por José Jairo Gomes, que entende que na atual democracia brasileira dá-se maior importância aos partidos políticos do que aos verdadeiros candidatos. Dessa forma, vive-se num verdadeiro movimento ao qual se discute ideias dentro dos diretórios partidários (GOMES, 2015, p. 41).

2 Segundo José Jairo Gomes, democracia indireta é uma democracia representativa, na qual os cidadãos escolhem entre seus pares um para representá-los no governo. Aqueles escolhidos recebem um mandato eletivo e se tornam mandatários daqueles que o escolheram (GOMES, 2015, p. 41).

É nesse contexto que se apresenta a importância dos partidos políticos, sem dúvida canais de polarização e espaços de debate políticos e ideológicos necessários para uma democracia plural como a brasileira.

Dessa forma, como se vive em uma sociedade plural, os postulados defendidos por cada partido serão os mais diversos possíveis. Nesse sentido, para que se possa alcançar o ideário de uma sociedade democrática, é necessário que haja respeito a cada um desses ideais, pois o partido que hoje é governista amanhã pode se tornar de oposição. Assim, pode-se afirmar que o ideário da democracia brasileira se forma por meio do respeito às ideologias político-partidárias de cada agremiação política existente, garantindo-se um debate livre e igualitário de ideais para a solução plural dos conflitos e necessidades sociais.

Entretanto, para que se alcance o efetivo exercício de cidadania, é necessária a realização de eleições livres e organizadas, que garantam, inclusive, a alternância de poder, evitando-se a perpetuação de um único ideal partidário.

E a fim de que o sistema democrático sobreviva e que toda a sociedade mantenha a titularidade da cidadania, é necessário que os mais diversos interesses da sociedade estejam representados no parlamento, sejam eles de minorias ou não. E mais, o embate das urnas deve garantir a oxigenação de ideários e o progresso institucional, sendo tudo isso possível somente pelo respeito a um sistema eleitoral (eleição) bem organizado e livre.

Contudo, tudo isso só poderá ser alcançado no momento em que a sociedade brasileira resolver se empoderar[3] da vida política. O primeiro passo é o conhecimento de seus direitos políticos. O segundo é ter tais direitos respeitados pelos órgãos institucionais erigidos na CR/88, como a Justiça Eleitoral, que deve atuar de forma imparcial e com muita celeridade em relação a seu objeto de tutela: os direitos políticos.

---

[3] Segundo Antunes (2002), a ideia de empoderamento surgiu, na década de setenta, nos Estados Unidos, inserida no movimento da raça negra como forma de valorização e da conquista da cidadania em sua plenitude. Ainda nessa época, o termo foi abraçado pelo movimento feminista como forma de alteração dos processos e estruturas que enxergam as mulheres subordinadas aos homens.

5
COMPETÊNCIAS OU ATRIBUIÇÕES DA JUSTIÇA ELEITORAL BRASILEIRA

A Justiça Eleitoral é órgão do Poder Judiciário federal classificado como justiça especializada, cuja organização e regulamentação são de competência exclusiva da União Federal.

Diz-se que a Justiça Eleitoral, assim como a do Trabalho e a Militar, são específicas, uma vez que se diferenciam tanto quanto ao procedimento como pela composição de seus membros, da denominada Justiça comum. Tal classificação deriva da própria CR/88, que em seus arts. 118 a 121 apresenta a composição e a competência do órgão judicante eleitoral, assim como em seus arts. 111 a 117 trata da Justiça do Trabalho e nos arts. 122 a 124 da Justiça Militar.

O art. 22, I, da CR/88 é claro ao dispor que compete privativamente à União legislar acerca do direito eleitoral pátrio. Tal disposição se justifica pelo intuito de se manter a unidade nacional e o Estado Federado, impedindo a criação de direitos díspares, o que enfraqueceria a União e frustraria a soberania nacional, fundamento da República estabelecido no art. 1º, I, da CR/88.

Basicamente, a CR/88 dispõe que a Justiça Eleitoral tem uma estrutura formada por um órgão recursal extraordinário (Tribunal Superior Eleitoral – TSE), órgãos ordinários recursais (Tribunais Regionais Eleitorais de cada Estado Federado mais o Distrito Federal) e órgãos ordinários (juízes e juntas eleitorais).

A denominação recursal extraordinária deriva da excepcionalidade, determinada pelo art. 121, § 4º, da CR/88, de se recorrer das decisões dos TREs, salvo nos casos dispostos na Lei Maior. Assim, sendo o TSE uma instância recursal limitada a hipóteses descritas na lei, é órgão recursal extraordinário.

A denominação **órgão ordinário** deriva do fato de que, em regra, salvo os casos de competência originária do STF, TSE e TRE, é de competência dos Juízes Eleitorais conhecer e julgar as demandas eleitorais em primeira instância. Dessa forma, eles são órgãos originários para decidir sobre descontentamentos em matéria eleitoral.

Adriano Soares da Costa afirma, de forma acertada, que os órgãos da Justiça Eleitoral são responsáveis pela organização, execução e controle do processo democrático de candidatos a mandatos eletivos. A Justiça Eleitoral está inserida na estrutura do Poder Judiciário, conforme prescreve o art. 92, V, da CR/88, e conta com total independência dos outros poderes na consecução de suas atividades, nos termos do disposto no art. 2º, da CR/88 (COSTA, A., 2013, p. 271-272).

É da natureza humana o inconformismo quanto à decisão tomada em primeira instância. E, por assim o ser, em conformidade com o art. 5º, LV, da CR/88, ao garantir a todo cidadão o direito ao devido processo legal e ao duplo grau de jurisdição, salvo nos casos de competência originária do TRE, cabe a esse órgão a revisão das decisões monocráticas de primeiro grau, ou seja, é uma instância recursal ordinária.

O texto constitucional ainda disciplina que a organização e divisão de competências dos órgãos da Justiça Eleitoral se darão mediante Lei Complementar (art. 121, da CR/88). Tal lei é o atual Código Eleitoral brasileiro (Lei nº 4.737/65), que regulamenta o texto maior em diversos artigos.

Desse arcabouço legislativo nacional surge uma gama imensurável de atribuições conferidas aos órgãos de jurisdição eleitoral. A função judicante é a ordinária da Justiça Eleitoral, e, como tal, essa deve agir nos moldes que as garantias ou princípios norteadores requerem, como já demonstrado. Para além dessa atribuição, a Justiça Eleitoral ainda cuida da organização do pleito (atribuição administrativa e normativa) e responde a consultas requeridas pelas pessoas legitimadas a tanto (atribuição consultiva).

Não importa qual função esteja exercendo: a Justiça Eleitoral deverá agir da forma mais igualitária e célere possível, para garantir a todos os brasileiros o tão necessário direito de voto.

Certo é, contudo, que, frente a sua atribuição jurídico-administrativa de regulagem do pleito, a Justiça Eleitoral tem acumulado um número excessivo de funções para um tempo exíguo para realizá-las. O legislador acabou por criar uma série de normas com garantias ao cidadão, mas sem pensar como podem ser executadas.

A exemplo, tem-se a Lei Complementar nº 135/10, conhecida como Lei da Ficha Limpa, que estabelece uma série de causas de inelegibilidades que só aumentam a tarefa do Juiz na análise dos registros de candidatura (BRASIL, 2010). Por outro lado, a minirreforma eleitoral operada pela Lei nº 13.165/15 reduziu o prazo de análise desses pedidos para menos de um mês. Assim, as possibilidades de todos os registros serem deferidos até 20 (vinte) dias antes do pleito, como exige a lei eleitoral, tornam-se mínimas (BRASIL, 2015).

Antes, contudo, de enfrentar essa discussão, faz-se necessário analisar as funções de cada um dos órgãos da Justiça Eleitoral, para que depois se possa demonstrar sua fragilidade no cumprimento dos prazos referentes ao deferimento dos registros de candidatura, já adiantando ser algo prejudicial a todo o corpo democrático nacional.

De acordo com o Código Eleitoral, compete ao TSE processar e julgar originariamente ações que envolvam o registro e sua cassação dos partidos políticos, diretórios nacionais destes e do Presidente da República e seu vice (art. 22, I, "a") (BRASIL, 1965).

Neste ponto vale a ressalva que o TSE não deve ser visto como órgão recursal extraordinário e sim como instância inaugural, ou seja, órgão ordinário de solução de litígios eleitorais.

Além disso, cabe ao TSE, ainda de acordo com o art. 22, I, do Código Eleitoral, julgar ordinariamente os conflitos de competência entre os TREs (alínea "b"); a suspeição e impedimento de seus juízes (ministros), do Procurador-Geral Eleitoral, assim como dos funcionários da secretaria do TSE (alínea "c"); os crimes eleitorais e os comuns conexos que tenham por autor os juízes eleitorais e os "desembargadores" dos TREs (alínea "d"); os remédios constitucionais que envolvam atos do Presidente da República, seus ministros de Estado e membros dos TREs (alínea "e")[1]; as ações que envolvam as

[1] Vale a ressalva de que o STF, na análise do RE nº 163.727/RJ, de 7/4/94, e tomando o que estabeleceu a Resolução nº 132/84 do Senado Federal, interpretou o art. 22, I, "e", à luz da CR/88 e entendeu que, em sede mandado de segurança contra atos do Presidente da República, a competência originária é do STF, com fulcro no art. 102, I, "d", da CR/88, mas quanto aos mandados de segurança (MS) contra os atos dos ministros de Estado a competência permanece na alçada do TSE no que diz respeito à matéria eleitoral. Outro ponto interessante respeito é relativo aos MS impetrados contra atos de matéria administrativa eleitoral (atividade-meio), o STF decidiu que é competente para seu

obrigações contábeis dos partidos políticos (alínea "f"); as ações que envolvam desde a candidatura até a diplomação da chapa presidencial da República (alínea "g"); os pedidos de desaforamento não decididos pelos TREs (alínea "h"); as reclamações contra os seus ministros, quando não decidirem a tempo (alínea "i"); e as ações rescisórias de matéria eleitoral (alínea "j") (BRASIL, 1965).

Com a EC nº 45/04, ocorreu a transferência da competência do TSE em conhecer das reclamações quanto a desvios funcionais de seus magistrados para o Conselho Nacional de Justiça (CNJ). A CR/88, em seu art. 103-B, § 4º, III, designa ao CNJ a competência de zelar pelo estatuto da magistratura e conhecer e julgar reclamações contra os membros do Poder Judiciário quanto ao exercício ilibado de suas funções. O próprio TSE, em sede da Rcl nº 475/07, decidiu nesse sentido.

Ainda cabe ao TSE conhecer originariamente dos recursos interpostos contra as decisões dos TREs (art. 22, II, do Código Eleitoral), agindo assim como órgão recursal extraordinário.

Além de suas atribuições ou competências judicantes, o TSE, assim como todo órgão administrativo brasileiro, tem funções administrativas referentes à organização de suas atividades fins (aplicação do Direito Eleitoral por meio das competências elencadas no art. 22, I, alíneas "a" a "j" do Código Eleitoral), que são denominadas de atividades meios, justamente por levarem à consecução das primeiras.

José Jairo Gomes caracteriza a função jurisdicional da Justiça Eleitoral como solução imperativa, de caráter definitivo. Com tal afirmação não é difícil se alcançar o entendimento de que o TSE, os TREs e até os juízes e juntas eleitorais, quando atuam nos conflitos intersubjetivos que lhes são submetidos, afirmando os pressupostos legais em detrimento da vontade dos contentores, exercem clara atuação judicante e cumprem a finalidade da Justiça Eleitoral. Desse modo, sempre que houver conflito de interesses que reclame decisão do

---

conhecimento e julgamento o TRE de cada Estado, quando tais MS não envolverem Ministros do TSE (decisão tomada em sede do MS nº 3370/08; MS nº3664/07 e AgRg-MS nº3175/04). Ainda quanto aos remédios constitucionais, o próprio TSE, em sede do HC nº 349682/11, decidiu que não é competente para processar e julgar HC contra suas próprias decisões, com fulcro no art. 102, I, "i", da CR/88. Por fim, vale a ressalva de que o TSE é incompetente, sob pena de supressão de instância, de conhecer e julgar HC interposto contra decisão monocrática do desembargador relator do TRE (HC nº 151.921/SP); assim, competente é o órgão colegiado do próprio TRE.

órgão judicial para ser solucionado, estar-se-á diante de exercício de função jurisdicional (GOMES, 2015, p. 70).

Elucidativo é o posicionamento de Edson de Rezende Castro no sentido de que a Justiça Eleitoral se diferencia das demais (Justiças especializadas e da Justiça comum) uma vez que sua atuação como órgão administrativo lhe impõe atuação proativa, e não inerte, pois seu objetivo maior é organizar todo o processo eleitoral nacional, o que ocorre independentemente de qualquer provocação de um legitimado (CASTRO, 2014, p. 31-34). Razão cabe ao ilustre autor, pois a República Federativa Brasileira se fundamenta na democracia participativa, que, por sua vez, necessita da efetiva atuação eletiva do cidadão brasileiro (direito de sufrágio ativo e passivo).

Contudo, antes de adentrar no estudo das atividades administrativas dos órgãos da Justiça Eleitoral, cabe demonstrar quais são as atribuições judicantes dos Tribunais Regionais Eleitorais, dos juízes e das juntas eleitorais.

De acordo com o art. 29, I, do Código Eleitoral, cabe aos TREs a função de conhecer e julgar originariamente as ações em que se discutam: o registro e seu cancelamento dos Diretórios Estaduais e Municipais de partidos políticos, bem como de candidatos a governador, vice-governadores, e membro do Congresso Nacional e das Assembleias Legislativas (alínea "a"); os conflitos de jurisdição entre Juízes Eleitorais vinculados a tal tribunal regional (alínea "b"); a suspeição ou impedimentos de seus desembargadores, do procurador regional eleitoral e dos funcionários da sua secretaria, assim como dos juízes e escrivães eleitorais (alínea "c")[2]; os crimes eleitorais cometidos por seus juízes vinculados (alínea "d"); o habeas corpus ou mandado de segurança, em matéria eleitoral, contra ato de autoridades que respondam perante os Tribunais de Justiça por crime de responsabilidade e, em grau de recurso, os denegados ou concedidos pelos juízes eleitorais; ou, ainda, o habeas corpus, quando houver perigo de se consumar a violência antes que o juiz competente possa prover sobre a impetração (alínea "e"); as ações que envolvam as obrigações contábeis dos partidos políticos (alínea "f"); e os pedidos de desaforamento não decididos pelos juízes eleitorais em tempo hábil (alínea "g") (BRASIL, 1965).

---

2 Reputa-se importante destacar que o TSE, quando da análise do MS nº 3.423, assentou o entendimento de que a exceção de suspeição deve ser dirigida, inicialmente, ao juiz tido por suspeito ou incompetente para conhecer e julgar do fato e, no caso de este não assim o se declarar, é que o TRE, ao qual ele responde, é que deverá se manifestar quanto à exceção levantada. Já no caso de acolhimento dela pelo magistrado, ele mesmo encaminhará o feito ao juiz tido por competente para o feito.

Por sua vez, ainda cabe aos TREs conhecer, como instância recursal ordinária, dos recursos interpostos das decisões monocráticas de primeira instância dos juízes eleitorais e das suas respectivas juntas (inciso II, do art. 29, do CE).

Quanto aos juízes eleitorais, pode-se afirmar, de acordo com o art. 35 do CE, ser de sua competência conhecer e julgar as demandas que lhes são propostas acerca dos crimes eleitorais e os comuns que lhes forem conexos, ressalvada a competência originária do Tribunal Superior e dos Tribunais Regionais (inciso II)[3]; julgar os HC e MS que não sejam de competência originária dos TREs e do TSE (inciso III); e ordenar o registro e cassação do registro dos candidatos aos cargos eletivos municipais e comunicá-los ao TRE (inciso XII) (BRASIL, 1965).

Para que se possa diferenciar a atividade judicante do magistrado eleitoral de sua atribuição administrativa judicial formal, como sugere Adriano Soares da Costa (2013, p. 285), é importante perquirir qual é o real interesse almejado com aquela atuação. Assim, se o juiz eleitoral estiver atuando com base na provocação de um interessado e legitimado processual, estará agindo como juiz imparcial e autoridade judicante do caso em voga. Contudo, se sua atuação for um comando normativo eleitoral de atuação precípua para o desenrolar do procedimento eleitoral, estará atuando como juiz administrador do processo eletivo.

Já as juntas eleitorais têm a função judicante única de analisar com a maior parcimônia e celeridade possível os pedidos de impugnação e demais incidentes relacionados com a contagem de votos das eleições realizadas (art. 40, II, CE), atribuição esta esvaziada desde a disseminação do uso da urna eletrônica.

No entanto, a partir das eleições gerais de 2018, está previsto que o processo de votação eletrônico contará com a impressão automática de cada cédula de votação, que não terá contato manual com o eleitor e será depositada em local previamente lacrado.

---

3 Cumpre registrar que o STJ, quando da análise do CC 38.430, entendeu que os atos infracionais cometidos por menores, ainda que análogos aos crimes eleitorais, fogem da competência do juiz eleitoral, sendo competente, *in absoluto*, o magistrado da vara da infância e juventude daquela circunscrição. Tal entendimento se respalda no princípio da proteção integral da criança e do adolescente esculpido na Constituição da República e no Estatuto da Criança e do Adolescente (ECA).

Em sessão realizada em 3 março de 2018 o TSE aprovou o teor da minuta da resolução nº 23521/2018 que trata do voto impresso para as eleições daquele ano.

Nos termos do texto aprovado, a implantação do voto impresso será gradativa. Nas eleições de 2018, apenas algumas seções eleitorais contarão com o equipamento. A implantação gradual já havia sido anunciada pelo TSE por falta de condições técnicas e financeiras de imprimir todos os votos nas eleições deste ano.

Para o ano de 2018 a Justiça Eleitoral utilizará apenas 30 mil urnas que possuem impressoras acopladas.

Assim, com o retorno gradativo do comprovante impresso de voto, é possível que as juntas eleitorais passem a exercer novamente sua função judicante de pedido de impugnação e demais incidentes relacionados com a contagem de votos.

Como se pode perceber, os órgãos da Justiça Eleitoral brasileira, no que diz respeito a suas atribuições judicantes, têm o dever precípuo de analisar (conhecer e julgar) feitos que tenham como matéria de fundo o Direito Eleitoral e assim decidir qual sua melhor e correta aplicação, para com total responsabilidade garantir ao cidadão o tão caro direito de votar (sufrágio ativo) e ser votado (sufrágio passivo), fundamental na democracia participativa nacional brasileira.

A partir deste ponto, analisar-se-ão as funções ou atribuições administrativas da Justiça Eleitoral, tão necessárias para o cumprimento correto e célere de sua atividade fim, que é o resguardo do direito de sufrágio.

A Justiça Eleitoral, por meio de seus órgãos, já listados neste trabalho, realiza papel fundamental na democracia participativa brasileira. Tal atividade é eminentemente administrativa, qual seja, administrar todo o pleito eleitoral pátrio. Ressalte-se que a Justiça Eleitoral trabalha todos os anos, independentemente das eleições, seja no cadastro dos eleitores ou nas demais funções administrativas.

Entende-se, porém, que o termo inicial do processo eleitoral coincide com as convenções partidárias para a escolha de seus candidatos e finda com a apuração dos votos e a consequente diplomação dos eleitos, como afirma José Jairo Gomes (2015, p. 248). Tal entendimento é importante, pois as atribuições administrativas, consultivas e normativas da Justiça Eleitoral tornam-se restritas durante o período do processo eleitoral, tendo ela maior dispêndio temporal para a atividade judicante, com o fim maior de garantir o fiel cumprimento do direito ao sufrágio.

O constituinte de 1988 delegou ao legislador ordinário[4] a função de delimitar as atribuições da Justiça Eleitoral, como prevê o art. 121 da CR/88. A novidade é que a Justiça Eleitoral, muito antes de se tornar ramo do Judiciário nacional, já possuía a função precípua de organizar o pleito eleitoral, tarefa administrativa[5] que até hoje vem cumprindo.

Assim o sendo, o juiz eleitoral, como salienta Edson de Rezende Castro, a todo tempo exerce sua função administrativa de fiscalização do processo eleitoral e, dessa forma, deve se antecipar ao surgimento do conflito, esperando-se que "[...] até mesmo diligencie para que não haja o conflito. A experiência mostra que, quanto mais atento, diligente e eficiente for o Juiz Eleitoral nas atividades de administração do pleito, menores serão os conflitos enfrentados" (CASTRO, 2014, p. 31-32).

O juiz eleitoral, quando no exercício de sua função administrativa, exerce um comando normativo que é destinado diretamente para ele, magistrado, não induzindo a um conflito de interesses que exija sua atuação judicante, como bem assevera Adriano Soares da Costa (2013, p. 285).

No exercício de suas atribuições administrativas, como bem ensina José Jairo Gomes, o magistrado eleitoral não está investido apenas de força judicante, mas, também, de poder de polícia[6], que deve ser entendido como um ato administrativo realizado por um Poder instituído na CR/88, com o fito de limitar ou disciplinar um direito, interesse ou liberdade, em razão do interesse, segurança, higiene, ordem ou costumes públicos (GOMES, 2015, p. 69).

---

4 O termo legislador ordinário aqui deve ser entendido como legislador pós-constitucional, editor de todos os tipos legislativos propostos no art. 59 da CR/88 (emendas constitucionais, leis complementares, ordinárias, delegadas; decretos e resoluções), e não meramente a edição de leis ordinárias.

5 Elaine Harzheim Macedo denomina a função administrativa da Justiça Eleitoral como função executiva (MACEDO, 2016, p. 318).

6 O TSE já entendeu que umas das formas de a Justiça Eleitoral exercer seu poder de polícia é quando determina, ao candidato, a remoção de sua propaganda eleitoral por mera notificação, ou seja, "não se exige que o beneficiário da propaganda irregular realizada em bem de uso comum seja citado (após, portanto, o ajuizamento da representação) para que proceda à sua retirada, bastando que seja previamente notificado pela Justiça Eleitoral no exercício do poder de polícia (art. 37, § 1º, da Lei 9.504/97" – TSE, AgRg AI nº 4.947/SP, Rel. Min. Gilmar Mendes, j. 19/5/2015).

Após essa caracterização da função administrativa da Justiça Eleitoral, passa-se a elencar quais seriam essas atribuições e quais são as concedidas a cada um dos órgãos dessa Justiça especializada.

De acordo com o art. 35 do CE, cabe aos juízes eleitorais cumprir e fazer cumprir as decisões e determinações, em âmbito administrativo, do STF, TSE e TRE a que esteja vinculado (inciso I); realizar as diligências que julgar necessárias para a consecução de ordem e presteza durante todo o serviço eleitoral (inciso IV); tomar conhecimento das reclamações e denúncias meramente administrativas acerca do pleito eleitoral, que lhe forem feitas verbalmente ou por escrito, reduzindo-as a termo e determinar as providências que cada caso exigir (inciso V); indicar, para aprovação do Tribunal Regional, a serventia de Justiça que deve ter o anexo da Escrivania Eleitoral (inciso VI); dirigir os processos eleitorais e determinar a inscrição e a exclusão de eleitores (inciso VIII); expedir títulos eleitorais e conceder transferência de eleitor (IX); dividir a Zona em Seções Eleitorais (inciso X); mandar organizar, em ordem alfabética, a relação dos eleitores de cada Seção, para remessa à Mesa Receptora, com a pasta das listas de eleitores (inciso XI); designar, até 60 (sessenta) dias antes das eleições, os locais das Seções (Inciso XIII); nomear, 60 (sessenta) dias antes da eleição, em audiência pública anunciada com pelo menos 5 (cinco) dias de antecedência, os membros das Mesas Receptoras (inciso XIV)[7]; instruir os membros das Mesas Receptoras sobre suas funções (inciso XV); providenciar para a solução das ocorrências (administrativas), que se verificarem nas Mesas Receptoras (inciso XVI); tomar todas as providências a seu alcance para evitar os atos viciosos das eleições, ainda que de ofício (inciso XVII); fornecer aos que não votaram por motivo justificado e aos não alistados, por dispensados do alistamento, certificado que os isente das sanções legais (inciso XVIII); e comunicar, até às 12 horas do dia seguinte à realização da eleição, ao Tribunal Regional e aos Delegados de partidos credenciados, o número de eleitores que votarem em cada uma das Seções da Zona sob sua jurisdição, bem como o total de votantes da Zona (inciso XIX) (BRASIL, 1965).

Como se pode notar, o trabalho do juiz eleitoral tem início muito antes do pleito acontecer e termina muito depois, cabendo-lhe tarefas essenciais para o exercício do direito de sufrágio, como o alistamento e a quitação eleitoral.

---

[7] Ressalte-se que menores de 18 anos podem se alistar e votar, desde que tenham 16 anos e se alistem a tempo, em conformidade com o art. 14, § 1°, II, "c", CR/88, mas não podem ser parte das mesas receptoras, como mesários ou presidentes, no teor do que dispõe o art. 63, § 2°, da Lei n° 9.504/97 (BRASIL, 1997).

Quanto às juntas eleitorais, cabe ao juiz eleitoral, no exercício de sua função administrativa, apurar, no prazo de 10 (dez) dias, as eleições realizadas nas Zonas Eleitorais sob sua jurisdição (art. 40, I, CE); expedir os boletins de apuração (inciso III c/c art. 179); expedir diploma aos eleitos para cargos municipais (inciso IV) (BRASIL, 1965).

Já aos Tribunais Regionais Eleitorais cabe, em conformidade com o art. 30 do CE, a atribuição administrativa de elaborar seu regimento interno, que conduzirá toda a atuação *interna corporis* do tribunal e de seus juízes eleitorais (inciso I c/c art. 96, I, "a", da CR/88)[8]; organizar sua Secretaria e a Corregedoria Regional, provendo-lhes os cargos na forma da lei, e propor ao Congresso Nacional, por intermédio do Tribunal Superior, a criação ou supressão de cargos e a fixação dos respectivos vencimentos de seus magistrados (inciso II c/c art. 96, I, "b", da CR/88)[9]; conceder a seus membros (desembargadores e juízes eleitorais) licença e férias, assim como afastamento do exercício dos cargos efetivos, submetendo, quanto àqueles, a decisão à aprovação do Tribunal Superior Eleitoral (inciso III c/c art. 96, I, "f", da CR/88)[10]; fixar a data das eleições de governador e seu vice[11], assim como dos deputados estaduais, prefeitos, vice-prefeitos[12], vereadores e juízes de paz[13], quando a data já não for determinada por

8 A CR/88, em seu art. 96, I, "a", trouxe a competência privativa de os tribunais elegerem seus órgãos diretivos e elaborarem seus respectivos regimentos internos, o que é lógico, pois ninguém conhece melhor as necessidades internas de cada tribunal que seu órgão pleno (BRASIL, 1988).

9 O constituinte originário (art. 96, I, "b") ainda descreveu como atribuição privativa dos tribunais a organização interna de seus funcionários (juízes e auxiliares da justiça), com o intuito de manter a independência dos Poderes e das instituições, o que leva a um melhor exercício da atividade correcional (BRASIL, 1988).

10 Entre as competências privativas concedidas aos tribunais pelo constituinte de 1988 (art. 96, I) está a de regular o sistema de férias e afastamento de seus magistrados de forma a não comprometer o exercício das atividades do tribunal eleitoral (alínea "f").

11 A CR/88, em seu art. 28, determina que as eleições de governador e vice-governador se realizarão no primeiro domingo de outubro, em primeiro turno, e no último domingo, em caso de segundo turno, no ano em que precede o fim do mandato dos anteriores.

12 De acordo com o art. 29, II, da CR/88, as eleições de prefeito e seu vice ocorrerão no primeiro domingo de outubro (BRASIL, 1988).

13 O art. 98, II, da CR/88, estabelece a criação do cargo de juízes de paz, que serão "cidadãos eleitos pelo voto direto, universal e secreto, com mandato de quatro anos e competência para, na forma da lei, celebrar casamentos" (BRASIL, 1988).

disposição constitucional ou legal (inciso IV)[14]; constituir as Juntas Eleitorais e designar a respectiva sede e jurisdição (inciso V); indicar ao Tribunal Superior as Zonas Eleitorais ou Seções em que a contagem dos votos deva ser feita pela Mesa Receptora, em conformidade com o art. 188 do CE (inciso VI); apurar, com os resultados parciais enviados pelas Juntas Eleitorais, os resultados finais das eleições de governador e vice-governador, de membros do Congresso Nacional e expedir os respectivos diplomas, remetendo dentro do prazo de 10 (dez) dias após a diplomação, ao Tribunal Superior, cópia das atas de seus trabalhos (inciso VII); dividir a respectiva circunscrição em Zonas Eleitorais, submetendo essa divisão, assim como a criação de novas Zonas, à aprovação do Tribunal Superior (inciso IX)[15]; aprovar a designação do ofício de Justiça que deva responder pela Escrivania Eleitoral durante o biênio (inciso X); requisitar a força necessária ao cumprimento de suas decisões e solicitar ao Tribunal Superior a requisição de força federal (inciso XII)[16]; autorizar e requisitar (ao TSE), no Distrito Federal e nas capitais dos Estados, a seu Presidente e, no interior, aos Juízes Eleitorais, a requisição de funcionários federais, estaduais ou municipais, para auxiliarem os escrivães eleitorais, quando o exigir o acúmulo ocasional do serviço (inciso XIII e XIV)[17]; aplicar as penas disciplinares de advertência e de suspensão até 30 (trinta) dias aos juízes eleitorais (inciso XV); cumprir e fazer cumprir as decisões e instruções do Tribunal Superior (inciso XVI); organizar o fichário dos eleitores do Estado (inciso XVIII); e suprimir os mapas parciais de apuração, mandando utilizar apenas os boletins e os mapas totalizadores, desde que o menor número de candidatos às eleições proporcionais justifique a supressão (inciso XIX) (BRASIL, 1965).

O CE ainda traz, em seu art. 23, as atribuições administrativas do TSE, quais sejam, elaborar seu regimento interno (inciso I c/c art. 96, I, "a", da CR/88);

---

[14] A Lei nº 9.504/97 estabelece em seus art. 1° a 3° que as eleições para todos os cargos do executivo e legislativo federal, estadual e municipal, ocorrerão no primeiro domingo de outubro, em primeiro turno, e no último domingo, em caso de segundo turno, no ano em que precede o fim do mandato dos anteriores, como é de contexto constitucional (BRASIL, 1988). Dessa forma, tal função dos TREs encontra-se esgotada.

[15] Recentemente o TSE, por meio da Resolução nº 23.422/14, trouxe as disposições normativas próprias para criação e instalação de novas zonas eleitorais, que, segundo seu art. 2°, somente ocorrerão no caso de deficiência e necessidade permanente do serviço eleitoral.

[16] Vale ressaltar que, em respeito ao pacto federativo, a Justiça Eleitoral dos TREs só poderá requisitar o auxílio da força policial federal no caso de inatividade da estadual.

[17] A Resolução nº 23.255/10 do TSE traz a regulamentação quanto à requisição de servidores públicos pela Justiça Eleitoral nesses casos previstos no CE.

organizar sua Secretaria e a Corregedoria-Geral, propondo ao Congresso Nacional a criação ou extinção dos cargos administrativos e a fixação dos respectivos vencimentos, provendo-os na forma da lei (inciso II c/c art. 96, I, "b", da CR/88); conceder a seus membros licença e férias, assim como afastamento do exercício dos cargos efetivos (inciso III c/c art. 96, I, "f", da CR/88); aprovar o afastamento dos juízes dos Tribunais Regionais Eleitorais em exercício nos cargos efetivos (inciso IV); propor a criação de Tribunal Regional na sede de qualquer dos Territórios (inciso V); propor ao Poder Legislativo o aumento do número dos juízes de qualquer Tribunal Eleitoral, indicando a forma desse aumento (inciso VI c/c art. 96, II, "a", da CR/88)[18]; fixar as datas para as eleições de presidente e vice-presidente da República, senadores e deputados federais, quando não o tiverem sido por lei (inciso VII)[19]/[20]; aprovar a divisão dos Estados em Zonas Eleitorais ou a criação de novas Zonas (inciso VIII); fixar o valor pecuniário máximo da diária do corregedor-geral, dos corregedores regionais eleitorais e seus auxiliares em diligência a serem realizadas fora da sede do respectivo tribunal (inciso X); enviar ao presidente da República a lista tríplice organizada pelos Tribunais de Justiça dos Estados, para a nomeação dos respectivos magistrados eleitorais escolhidos (inciso XI c/c art. 25); autorizar a contagem dos votos pelas Mesas Receptoras nos Estados em que essa providência for solicitada pelo Tribunal Regional respectivo (inciso XIII); requisitar força federal necessária ao cumprimento da lei, de suas próprias decisões ou das decisões dos Tribunais Regionais que o solicitarem, e, para garantir a votação e a apuração (inciso XIV)[21]; organizar e divulgar a

---

[18] Dentre as competências privativas, elencadas no texto constitucional, dos Tribunais Superiores está a de propor ao Congresso Nacional a alteração do número de seus respectivos juízes.

[19] Rever nota nº 19, de rodapé. A CF/88 prescreve ainda em seu art. 77, *caput*, que "a eleição do Presidente e do Vice-Presidente da República realizar-se-á, simultaneamente, no primeiro domingo de outubro, em primeiro turno, e no último domingo de outubro, em segundo turno, se houver, do ano anterior ao do término do mandato presidencial vigente".

[20] Quando forem necessárias novas consultas populares que extrapolem o expediente erigido na CF/88, como é o caso dos plebiscitos e referendos, o TSE editará instruções complementares para a realização de consulta popular e o respectivo calendário eleitoral.

[21] O TSE já decidiu, em conformidade com o princípio do pacto federativo, de que o envio de forças federais para os Estados Federados em casos que haja insuficiência das forças regionais, e há ainda que ter uma prévia manifestação do chefe do Poder Executivo local nesse sentido (TSE – PA nº 103.909/2012; PA nº 20.007/2008; PA nº 20.008/2008), salvo quanto aos pedidos formulados nas vésperas do pleito em virtude do exíguo lapso temporal disponível (TSE – PA nº 103.909).

súmula de sua jurisprudência (inciso XV); requisitar funcionários da União e do Distrito Federal, quando o exigir o acúmulo ocasional do serviço de sua Secretaria (inciso XVI); e publicar a Revista de Jurisprudência do Tribunal Superior Eleitoral (inciso XVII) (BRASIL, 1965).

Após a análise das atribuições ou competências judicantes e administrativas de cada um dos órgãos da Justiça Eleitoral, urge elencar duas outras competências que a diferenciam das demais, quais sejam, a atribuição consultiva e a normativa em matéria eleitoral.

Quanto à competência consultiva, assevera, com razão, José Jairo Gomes que o Poder Judiciário não é por definição um órgão de consulta, pronunciando-se apenas em situações concretas a ele levadas pelas partes interessadas (GOMES, 2015, p. 72-73). Tal particularidade se deve ao fato de que os interesses tutelados (sufrágio e alternância de poder) nas eleições dependem de orientação precisa para que o pleito não seja comprometido.

A competência consultiva da Justiça Eleitoral diz respeito tão somente aos TREs e ao TSE, como dispõem respectivamente os art. 30, VIII, e 23, XII e XVIII, do CE. O art. 30, VIII, é claro ao dispor que compete privativamente aos TREs responder, sob a chancela eleitoral, às consultas que lhes forem feitas, em tese, por autoridade pública ou partido político. Já o art. 23 estabelece as competências do TSE não judicantes, entre elas, a consultiva, ao dispor que tal órgão é competente para "responder, sobre matéria eleitoral, às consultas que lhe forem feitas em tese por autoridade com jurisdição federal ou órgão nacional de partido político" (inciso XII) (BRASIL, 1965).

Da simples interpretação literal do texto legal, é claro que, para que haja uma consulta aos TREs ou ao TSE, é necessário o preenchimento de dois requisitos básicos, a legitimidade do consulente e a falta de conexão do tema de consulta com situações concretas.

A ausência de conexões concretas se explica pelo fato de que as consultas não são meras prévias de uma situação a ser proposta no Judiciário, o que, se fosse, feriria a imparcialidade do juiz que se manifestou sobre a matéria antes de tê-la sob sua apreciação concreta, ou seja, já se saberia seu voto, o que poderia evitar a demanda ou iniciá-la como forma de retaliação eleitoral.

O TSE já se manifestou sobre o tema entendendo que a resposta dada à consulta em matéria eleitoral, além de não ter natureza judicante, não apresenta efeitos concretos nem força executiva com referência à situação jurídica de qualquer pessoa em particular. Ainda sobre o tema, convém elucidar o posicionamento do TSE de que, iniciando-se uma ação de mesma matéria da consulta, esta será descabida e rejeitada.O requisito da legitimidade se diferencia dependendo de a quem a consulta é dirigida. Assim, se se pretende consultar o TRE, legitimados são os partidos políticos e qualquer autoridade pública municipal, estadual ou federal. Não é demais salientar que a matéria tem que ser de competência do TRE ou dos juízes e juntas eleitorais a ele circunscritos. Por outro lado, se se pretende consultar o TSE, a legitimidade é restringida aos órgãos nacionais dos partidos políticos e autoridades públicas com jurisdição tão somente federal. Estando em ordem o pedido de consulta, o TSE ou o TRE se manifestará de forma fundamentada sobre o tema, como exige o art. 93, da CR/88.

Interessante é a ressalva feita por Edson de Resende Castro no sentido de que as autoridades municipais podem propor consultas ao TRE, mas os partidos políticos deverão fazê-lo por meio do diretório estadual ou regional, visto que a Lei nº 9.096/95, em seu art. 11, "confere representação aos dirigentes municipais apenas perante o Juiz Eleitoral da respectiva jurisdição" (CASTRO, 2014, p. 42-43).

José Jairo Gomes ensina que a resposta não tem caráter vinculante. Contudo deve orientar a atuação dos órgãos da Justiça Eleitoral, podendo inclusive ser fundamento para uma decisão em âmbito judicante ou administrativo (GOMES, 2015, p. 73).

Do exposto até o momento, pode-se sintetizar a competência consultiva como uma atribuição concedida, pelo CE, aos Tribunais Eleitorais de serem consultados por legitimados acerca da matéria eleitoral, não vinculada a caso concreto, com o fito do jurisdicionado tomar conhecimento da posição do Tribunal sobre o tema em tese proposto, para que o pleito corra na mais tranquila sobriedade e independência, requeridas pela democracia participativa.

Por fim e não menos importante, passa-se à análise da última competência da Justiça Eleitoral, que é concedida, de acordo com art. 23, IX, do CE, apenas ao TSE. Isso se explica pelo fato de ele ser o órgão de "cúpula" dessa justiça, cabendo-lhe regular todas as questões eleitorais pendentes para o total exercício do direito de sufrágio, como elucida o art. 23, XVIII[22], ao dispor que cabe ao TSE "tomar quaisquer outras providências que julgar convenientes à execução da legislação eleitoral" (BRASIL, 1965).

---

[22] O TSE na Resolução nº 22.931/08 entendeu que o Tribunal Superior Eleitoral é competente para tomar as providências necessárias à execução da legislação eleitoral, e quanto a esta competência, "diz respeito especificamente ao seu poder normativo, não se enquadrando nessa hipótese controle prévio de ato ainda não editado" (BRASIL, 2008).

O legislador do Código Eleitoral de 1965, conhecendo da importância da Justiça Eleitoral e da volatilidade da política nacional, já dispôs logo no parágrafo único do art. 1° do CE que o TSE editaria instruções com o intuito de cumprir fielmente as disposições eleitorais.

O próprio TSE, ao analisar essa competência no REsp nº 1.943/52, entendeu que suas resoluções têm força de lei ordinária: "[...] As resoluções do TSE, facultadas nos arts. 12, d e t, e 196, do código, têm forca de lei geral e a ofensa a sua letra expressa motiva recurso especial, nos termos do art. 167 do código [...]" (BRASIL, 1952).

Edson de Resende Castro elucida que as Instruções do TSE são fontes seguras para os aplicadores do Direito Eleitoral, uma vez que unem a legislação em vigor com a jurisprudência mais recente do Tribunal, incluindo as consultas a ele dirigidas (CASTRO, 2014, p. 42-43).

Por sua vez, José Jairo Gomes esclarece que ter força de lei não significa que goza do prestígio delas; apenas apresentam a mesma eficácia geral e abstrata. São hierarquicamente inferiores à lei ordinária, devido ao princípio da legalidade estrita (art. 5°, II, da CR/88), pelo que ninguém é compelido a realizar nada, senão em virtude de lei, ainda que as resoluções pretorianas do TSE tenham importância no Direito Eleitoral em prática (GOMES, 2015, p. 72-73).

Razão cabe a ambos os professores; a competência normativa do TSE é de fundamental importância para o Direito Eleitoral em prática, mas não há que confundi-la com competência legiferante plena, concedida apenas ao Congresso Nacional em matéria eleitoral. Assim sendo, para que o TSE edite suas resoluções, é necessário existir norma anterior sobre o tema para que ele apenas a regulamente e a regule, com atribuição do legislador federal.

Como síntese, afirma-se que as competências da Justiça Eleitoral são subdivididas em quatro áreas de atuação, judicante, administrativa, consultiva e normatizadora, tudo com o fito de dar melhor aplicação e fiel cumprimento ao direito de sufrágio do titular brasileiro dessa garantia, o cidadão.

Como se pode perceber, as funções exercidas pela Justiça Eleitoral são essenciais para a manutenção da ordem democrática brasileira, devido a seu objeto de tutela, que são os direitos políticos. Em especial, há o direito de sufrágio. Esse, por sua vez, está ligado a todo o processo eleitoral, essencial, como se demonstrou, para a manutenção da cidadania nacional e a tão necessária alternância de poder em um Estado multipartidário.

6
PROCESSO DE HABILITAÇÃO DE CANDIDATO PARA O PLEITO ELEITORAL

O direito fundamental de sufrágio, mais especificamente o direito de ser votado, só pode ser exercido pelos cidadãos brasileiros que gozem das condições de elegibilidade, ou seja, que não tenham qualquer impedimento legal ou causa de inelegibilidade que lhes impeçam de ser votados, além, é claro, de necessitarem de registro de suas candidaturas perante os órgãos competentes.

De acordo com o art. 14, § 3º, da CR/88, são condições de elegibilidade a nacionalidade brasileira; o pleno exercício dos direitos políticos; o alistamento eleitoral; domicílio eleitoral da circunscrição; filiação partidária; e idade mínima para o cargo a que se pretende eleger, em complementariedade com tal dispositivo constitucional. Vale o registro do art. 12 da CR/88, que apresenta a lista dos brasileiros natos e naturalizados, quais sejam, os primeiros (inciso I) são os nascidos na República Federativa do Brasil, ainda que de pais estrangeiros, desde que estes não estejam a serviço de seu país (alínea "a"); os nascidos no estrangeiro, de pai brasileiro ou mãe brasileira, desde que qualquer deles esteja a serviço da República Federativa do Brasil (alínea "b"); os nascidos no estrangeiro de pai brasileiro ou de mãe brasileira, desde que sejam registrados em repartição brasileira competente ou venham a residir na República Federativa do Brasil e optem, em qualquer tempo, depois de atingida a maioridade, pela nacionalidade brasileira (alínea "c"). E os segundos (inciso II) os que, na forma da lei, adquiram a nacionalidade brasileira, exigidas aos originários de países de língua portuguesa apenas residência por um ano ininterrupto e idoneidade moral (alínea "a"); os estrangeiros de qualquer nacionalidade residentes na República Federativa do Brasil há mais de quinze anos ininterruptos e sem condenação penal, desde que requeiram a nacionalidade brasileira (alínea "b") (BRASIL, 1988).

Em conformidade com o art. 14, § 4º, da CR/88 são inelegíveis os analfabetos e os inalistáveis, sendo estes os estrangeiros e, durante o período do serviço militar obrigatório, os conscritos (§ 2º do art. 14, CR/88).

O processo de registro de candidatura é um procedimento de natureza administrativa-judicial, pelo qual a Justiça Eleitoral brasileira, mediante pedido formalizado pelo partido político ao qual o pretenso candidato está filiado e que tenha sido escolhido em convenção partidária, analisa a admissibilidade do registro do candidato ao pleito, objetivando possibilitar o exercício completo do direito de sufrágio, ou seja, votar e ser votado nas próximas eleições.

Não há consenso doutrinário quanto à natureza jurídica do processo de habilitação. Para alguns, trata-se de processo administrativo, já para outros seria administrativo e judicial, como ensina José Jairo Gomes (2015, p. 277). O eminente autor entende que a melhor classificação seria como ação de jurisdição voluntária, justamente pelo fato de que não há no referido processo contencioso ou conflito de interesses a ser solucionado; assim ao juiz eleitoral é dado:

> [...] conhecer ex officio de todas as questões envolvidas, nomeadamente as pertinentes à ausência de condição de elegibilidade, às causas de inelegibilidade e ao atendimento de determinados pressupostos formais atinentes ao pedido de registro (GOMES, 2015, p. 278).

Ressalte-se que, caso o pretenso candidato não atenda às condições de elegibilidade ou ainda incida em alguma das hipóteses de inelegibilidade, terá seu pedido de registro negado, ainda que não haja impugnação ou conflito a ser solucionado. Desse modo, é mais adequado o posicionamento doutrinário de que o processo em apreço constitui uma ação de jurisdição voluntária.

Contudo, no decorrer desse procedimento eleitoral, ocorrem dissonâncias em relação às garantias constitucionais já mencionadas acima. Isso acontece quando, no momento de se realizar o exercício democrático do sufrágio por meio do voto, o eleitor não sabe a condição da candidatura de seu elegível. E não o sabe porque a Justiça Eleitoral não consegue deferir ou indeferir o pedido de registro de candidatura realizado pelo candidato via filiação partidária, ficando essa candidatura, por pendência de algum recurso, *sub judice*, no momento das eleições.

Quando se afirma que o pedido pode ser indeferido mesmo sem impugnação, não significa que à parte requerente (partido político) e interessada (candidato)[1] não são dadas as condições de contestar e defender seus posicionamentos, como assegura a CR/88 em seu art. 5º, LIV, que estabelece a exigência do devido processo legal (seja administrativo ou judicial contencioso/voluntário).

É relevante o posicionamento de Márcio Luís de Oliveira e Raphael Rodrigues Ferreira, no sentido de que o processo de registro de candidatura é eminentemente administrativo e declaratório em sua origem (OLIVEIRA; FERREIRA, 2014, p. 475).

Segundo os autores, uma vez impugnado e julgado o pedido de registro de candidatura, cabe recurso por parte do candidato ou dos impugnantes. Nesses casos, o processo, inicialmente administrativo ou judicial voluntário, se transmuta para processo contencioso, de natureza tipicamente jurisdicional (OLIVEIRA; FERREIRA, 2014, p. 476).

Marcos Ramayana, por sua vez, entende que o procedimento é de natureza administrativa. Pondera o jurista que o juiz eleitoral faz, tão somente, o exame formal dos requisitos para o deferimento do registro, analisando os documentos legais apresentados. Para ele, o processo de impugnação do registro é autônomo e teria natureza judicial (RAMAYANA, 2010).

Outro posicionamento a ser destacado é o de Elaine Harzheim Macedo, que entende que o procedimento de registro de candidatura é concebido como jurisdicional desde seu início, sendo incidental o estabelecimento de controvérsia pela via da impugnação, que não origina, mas apenas prolonga a prestação jurisdicional (MACEDO, 2016, p. 325).

Apresentados os entendimentos de diversos autores acerca da natureza do procedimento de registro de candidatura, entende-se ser ele um processo de natureza administrativa-jurisdicional, ou seja, nasce como simples procedimento administrativo-legal (exigido em lei) para conferência das condições

---

[1] O art. 11 da Lei das Eleições é claro quanto à legitimidade absoluta dos partidos políticos requererem o registro das candidaturas de seus filiados, não se permitindo candidaturas avulsas, mas também são garantias do pré-candidato ter acesso e se manifestar como parte interessada no processo que decide acerca de sua candidatura (§ 6º). Isso se explica pelo fato de o "filiado também deter relevante interesse jurídico em intervir e se manifestar nos autos, pois o indeferimento de sua candidatura afeta diretamente sua esfera jurídica. Por isso, caso não seja intimado, lhe é dado pleitear seu ingresso no processo ainda que na qualidade de assistente [...]" (GOMES, 2015, p. 279).

de elegibilidade e a ausência de inelegibilidade; caso seja impugnado, se torna processo judicial essencialmente contencioso perante a Justiça Eleitoral pátria.

Em verdade, no curso do procedimento administrativo, que é o pedido de registro da candidatura, pode surgir incidentalmente um procedimento, de caráter contencioso, que configura processo em sentido próprio. Ou seja, num procedimento de jurisdição voluntária, surge um processo contencioso, o que não é novidade, no direito processual brasileiro, haja vista o que pode ocorrer no pedido de autofalência e até mesmo em requerimentos de interdição.

Mais uma vez denota-se que a Justiça Eleitoral tem o papel essencial de divulgar para seu eleitor se o pretenso candidato deste é efetivamente candidato (ou seja, teve sua candidatura deferida) e informar quais são seus ideários de campanha. Dessa forma, a análise temporânea dos registros de candidatura é fulcral para a manutenção da segurança jurídica do eleitor brasileiro.

6.1 Dos requisitos para o pedido de registro de candidatura

O pedido de registro de candidatura é um procedimento realizado pela Justiça Eleitoral e é cercado de garantias constitucionais. Contudo, como já se afirmou, não é um fim em si próprio, então deve ter duração razoável e ser analisado, em definitivo, no prazo estabelecido em lei (vinte dias antes do pleito), sob pena de insegurança jurídica. Assim o sendo, passa-se à análise desse procedimento para melhor demonstração de seus requisitos, que asseguram ao cidadão a segurança jurídica no processo eleitoral brasileiro.

O registro de candidatura deriva do art. 14, § 3º, V, da CR/88, e tem sua regulação infraconstitucional prevista na Lei nº 9.504/97 e nas resoluções emanadas do TSE[2].

A Lei das Eleições (LE), nos art. 10 ao 16-B, traz a "espinha dorsal" do procedimento de registro de candidatura, iniciando com a convenção partidária e requerimento do partido político perante a Justiça Eleitoral e vai até a decisão final da Corte sobre o registro (BRASIL, 1997).

O art. 10 estabelece normas específicas sobre a quantidade mínima e máxima de pedido de candidaturas que cada partido político ou coligação poderá requerer nas eleições (sejam gerais ou regionais), variando de 150% a 200% do número de lugares a preencher, ressalvando a necessidade de quórum mínimo

---

[2] Para as eleições de 2018 o TSE editou a Resolução nº 23.548/2017, publicada no DJE de 2/2/2018 e que dispõe sobre a escolha e o registro de candidatos.

para preenchimento de candidaturas de cada sexo no mínimo 30% e máximo de 70% (§ 3º) (BRASIL, 1997).

Já o art. 11 determina o primeiro requisito a ser preenchido para a consecução do registro de candidatura, qual seja, pedido formulado pelo partido político ou coligação do pré-candidato a determinado cargo eletivo, até as 19 (dezenove) horas do dia 15 de agosto do ano corrente às eleições. O pedido deve vir instruído com os seguintes documentos (§ 1º): a) cópia da ata redigida na convenção partidária que escolheu os elegíveis para aquele pleito (inciso I); b) aceite expresso e escrito do pré-candidato ao cargo escolhido na convenção (inciso II); c) prova da filiação partidária (inciso III)[3;4]; d) declaração de bens, assinada pelo candidato (inciso IV); e) cópia do título eleitoral ou certidão, fornecida pelo Cartório Eleitoral, de que o candidato é eleitor na circunscrição ou requereu sua inscrição ou transferência de domicílio no prazo mínimo de 6 (seis) meses antes do pleito (inciso V)[5]; f) certidão de quitação eleitoral (inciso VI)[6]; g) certidões criminais fornecidas pelos órgãos de distribuição da Justiça Eleitoral, Federal e Estadual (inciso VII); h) fotografia do candidato, nas dimensões estabelecidas em instrução da Justiça Eleitoral, para efeito de aparecimento no painel eletrônico da urna no momento de votação (inciso VIII); i) e propostas defendidas pelo candidato a prefeito, a governador de estado e a presidente da República (inciso IX) (BRASIL, 1997).

É importante destacar a inovação trazida pela Lei nº 13.165/2015 que alterou o § 2º do art. 11 da LE para estabelecer que a idade mínima constitucionalmente estabelecida como condição de elegibilidade é verificada tendo por

---

3 O TSE entendeu, no AgRg-REsp nº 49.368/14, que a declaração unilateral contida na ficha de filiação partidária não é documento hábil e suficiente para se comprovar a condição de filiado. (BRASIL, 2014)

4 Na Consulta nº 75.535/11, o TSE firmou o entendimento de que a filiação partidária em novo partido somente pode ocorrer após o registro do estatuto dele na Justiça Eleitoral e em um prazo razoável de 30 dias, contados do registro do estatuto partidário pelo TSE, utilizando, assim, de uma aplicação analógica do § 4º do art. 9º da Lei nº 9.096/95 (BRASIL, 2011).

5 Norma alterada pela edição das Leis nº 13.487/2017 e 13.488/2017 de 06/10/2017.

6 É interessante notar o posicionamento do TSE em sede da Res. nº 22.783/08, que de forma clara decidiu que "a Justiça Eleitoral não emite 'certidão positiva com efeitos negativos' para fins de comprovação de quitação eleitoral, pois o débito oriundo de aplicação de multa eleitoral não apresenta natureza tributária, inexistindo, assim, analogia aos arts. 205 e 206 do CTN" (BRASIL, 2008). Dessa forma, ou o eleitor tem todos seus deveres eleitorais em dia, ou não terá uma certidão positiva de quitação.

referência a data da posse, salvo quando fixada em dezoito anos, hipótese em que será aferida na data-limite para o pedido de registro.

O TSE já entendeu que não existe, no sistema eleitoral brasileiro, a chamada candidatura avulsa, daí porque somente os candidatos indicados por partidos ou coligações podem concorrer às eleições, conforme a Cta. nº 1.425/DF/2007 e a Res. 22.557/2007 (BRASIL, 2007).

A recente alteração legislativa ocorrida pela edição da Lei nº 13.488/2007 acrescentou o § 14 ao art. 11 da Lei nº 9.504/97 que proibiu, expressamente, as candidaturas avulsas.

Sobre o tema são de grande valia as reflexões de Gabriel Azevedo a respeito da candidatura independente. Entende o autor que há oligopólio na participação da vida pública brasileira, que poderia ser quebrado com a candidatura avulsa. No entanto, não se defende o fim dos partidos mas tão somente a possibilidade do cidadão ser candidato sem a necessidade de filiação partidária, Com isso, espera-se que a atuação parlamentar não esteja ligada a uma única ideologia partidária. Livre, ele poderia, diante de um espectro ideológico, ser independente podendo assumir diferentes pontos de vista a partir da análise da situação concreta, sem ter que se submeter a uma estrutura hierárquica-partidária (AZEVEDO, 2014, p. 245-247).

Muito embora concorde-se com o posicionamento mencionado, a melhor opção seria o fortalecimento das instituições partidárias, visto que esses oligopólios não têm representado os interesses de seus filiados nem seus respectivos fundamentos ideológicos, erigidos em seus atos constitutivos. Desse modo, na atual realidade de enfraquecimento dos ideários partidários, a candidatura avulsa demonstra-se como uma saída eficaz para o fortalecimento da democracia participativa, pois o candidato não estaria obrigado a decidir por determinado caminho para agradar à agremiação; e ainda haveria o fortalecimento dos partidos políticos, que para obter novos filiados teriam que cumprir com fidelidade seus verdadeiros ideários.

Além dos documentos requeridos no art. 11, § 1º, da LE, o pré-candidato, por meio de seu partido político ou coligação, deverá apresentar documentação hábil a comprovar as seguintes condições de elegibilidade requeridas pelo art. 14, § 3º, da CR/88: a) a nacionalidade brasileira, no caso de naturalizados, devida à vedação para ocuparem determinados cargos políticos; b) o alistamento eleitoral com todos seus direitos políticos em dia; c) idade mínima para o cargo pretendido[7]; e d) prova de não ser analfabeto (BRASIL, 1997).

A condição do analfabeto é muito complexa, como pôde se mostrar ao longo do primeiro capítulo desta obra, mas ainda vale destacar a figura do analfabeto funcional. O TSE entendeu que, "no teste de alfabetização, basta que se verifique a capacidade de leitura e de expressão do pensamento por escrito do pré-candidato" (Respe nº 234.956/14), assim como que "o comprovante de escolaridade pode ser suprido por declaração de próprio punho, firmada na presença do juiz eleitoral ou de servidor do cartório eleitoral por ele designado" (AC nº 12.767/2012; AgRg-REspe nº 2375/2012), ou ainda que "a CNH gera presunção de escolaridade, necessária ao deferimento do registro de candidatura" (AgRg-RO nº 445925).

Dessa forma, a condição de alfabetização não significa a leitura e escrita pura e escorreita da língua portuguesa esperada de um poeta, mas que o candidato saiba ao menos ler e escrever seu nome e ter conhecimento mínimo de leitura (cognição primária).

Como já ressaltado, cabe aos partidos políticos ou coligações realizarem o pedido de registro de candidatura, mas, caso não o façam, o próprio pré-candidato poderá requerê-lo no prazo de 48 (quarenta e oito) horas após a publicação do edital dos nomes requeridos pela Justiça Eleitoral (§ 4º, art. 11, LE) (BRASIL, 1997).

O § 10, do art. 11, da LE, dispõe que:

> [...] condições de elegibilidade e as causas de inelegibilidade devem ser aferidas no momento da formalização do pedido de registro da candidatura, ressalvadas as alterações, fáticas ou jurídicas, supervenientes ao registro que afastem a inelegibilidade (BRASIL, 1997)[8].

---

7 Vale a pena a transcrição da nova redação do § 2º do art. 11 da LE, que traz o fato de que "a idade mínima constitucionalmente estabelecida como condição de elegibilidade é verificada tendo por referência a data da posse, salvo quando fixada em dezoito anos, hipótese em que será aferida na data-limite para o pedido de registro" (BRASIL, 1997).

8 O TSE entendeu no ED-ED-Respe nº 29,200/08 que "a sentença judicial homologatória da opção pela nacionalidade brasileira possui efeitos *ex tunc* e, ainda que prolatada em momento posterior ao pedido de registro de candidatura, permite o deferimento superveniente deste". Dessa forma, se o estrangeiro torna-se brasileiro naturalizado no decurso de um pedido de registro de candidatura, não cabe à Justiça Eleitoral negar-lhe o registro com fulcro na nacionalidade, visto que a sentença de naturalização tem efeitos retroativos.

Isso significa que o juiz eleitoral, no momento de análise do pedido de registro de candidatura, deverá analisar, com minúcia, todas as questões que podem afastar o pré-candidato do pleito e enumerá-las, e, comprovando não incorrer ele em tais questões, deferir o pedido, desde que adimplidos os demais requisitos erigidos em lei, como apresentação de toda a documentação requerida, ainda que em diligência (§ 3º do art. 11 da LE).

O art. 12 da LE trata exclusivamente do nome e "apelido" pelo qual o pretenso candidato gostaria de ser reconhecido por seus eleitores, tanto no momento de votação, quanto posteriormente. Já o art. 15 trata da numeração que o referido candidato terá durante o pleito.

Por sua vez, o art. 13 traz a possibilidade do partido político ou coligação trocar o pré-candidato que "for considerado inelegível, renunciar ou falecer após o termo final do prazo do registro ou, ainda, tiver seu registro indeferido ou cancelado" (BRASIL, 1997). Vale ressaltar que "a renúncia à candidatura é ato unilateral e não depende de homologação para produzir efeitos", como entendeu o TSE no Respe nº 61.245/2014 e no Respe nº 36.150/2010. A substituição deverá ser feita no prazo de até 10 (dez) dias após a comunicação da decisão do órgão eleitoral sobre a matéria (§ 1º) (BRASIL, 1997)[9].

Vale lembrar que o prazo fatal para a substituição do candidato, seja nas eleições majoritárias ou nas eleições proporcionais deve ocorrer até 20 (vinte) dias antes do pleito, exceto para os casos de falecimento do candidato, quando a substituição poderá ser efetivada após esse prazo.

Como a filiação partidária é requisito ou condição de elegibilidade, o pré-candidato que for expulso do partido, desde que lhe seja assegurado o devido processo legal, estará sujeito ao cancelamento do pedido de registro de candidatura, decretado pela Justiça Eleitoral, mediante requisição do partido político (art.14, da LE) (BRASIL, 1997).

---

[9] Decidiu o TSE que, "observado o prazo de dez dias contado do fato ou da decisão judicial que deu origem ao respectivo pedido, é possível a substituição de candidato a cargo majoritário a qualquer tempo antes da eleição" (AgRg-Respe nº 42497/2013; AgRg-AI nº 206950/2012; Respe nº 25568/2007); e ainda que, "na pendência de recurso do candidato renunciante, o *dies a quo* para contagem do prazo de substituição é o dia da renúncia" (Respe nº 35513/2009).

O art. 16, caput c/c § 1º, da LE dispõe sobre o prazo máximo de análise dos pedidos de registro de candidatura, inclusive os impugnados pelos meios próprios, qual seja, até vinte dias antes da data das eleições, oportunidade em que os tribunais enviarão a relação dos candidatos às eleições majoritárias e proporcionais, da qual constará obrigatoriamente a referência ao sexo e ao cargo a que concorrem.

6.2 Da candidatura *sub judice*

Situação recorrente e de interesse para o leitor é candidatura que esteja *sub judice* ao longo do pleito eleitoral e da data do pleito.

A LE garante que o candidato cujo registro esteja *sub judice* poderá efetuar todos os atos relativos à campanha eleitoral, inclusive utilizar o horário eleitoral gratuito no rádio e na televisão e ter seu nome mantido na urna eletrônica enquanto estiver sob essa condição.

Caso o pedido de registro de candidatura ainda esteja *sub judice* na data do pleito, o candidato poderá efetuar todos os atos relativos à campanha eleitoral, ficando apenas a validade dos votos a ele atribuídos condicionados ao deferimento de seu registro por instância superior (arts. 16-A e 16-B, da LE) (BRASIL, 1997).

No caso de eleições majoritárias em cidades com a possibilidade de segundo turno, acaso o candidato *sub judice* seja eleito e posteriormente seu registro for indeferido, caberá à Justiça Eleitoral convocar novas eleições após o trânsito em julgado a decisão que indeferir o registro de candidatura.

Muito se questiona, ainda, a respeito da participação no pleito daqueles que estejam cumprindo a sanção de prisão.

A resposta é a mesma: enquanto o pedido de registro de candidatura estiver *sub judice* é facultado ao candidato a prática de todos os atos inerentes à candidatura.

Todavia, a efetiva participação do candidato em debates, entrevistas, assim como a gravação de programas eleitorais, dependerá não de manifestação por parte da justiça eleitoral, mas sim de autorização do juízo responsável pela execução da pena.

Em outras palavras, o Juiz Criminal responsável pela execução da pena é que determinará se o candidato poderá se ausentar da prisão para a prática de atos de campanha ou mesmo a respeito da entrada de aparelhos audiovisuais no presídio para a gravação de programas eleitorais.

7
A DEFINIÇÃO DOS CANDIDATOS AO PLEITO ELEITORAL E O INTERESSE DO ELEITOR

O presente capítulo tem por objetivo analisar a atuação da Justiça Eleitoral no exercício de suas funções – já discorridas anteriormente – com ênfase em sua atuação jurisdicional, quanto à análise dos pedidos de registro de candidatura, e administrativa, na organização do pleito e sua interação com o eleitor.

Segundo dados do próprio órgão, o TSE, no ano de 2015, tinha em seu acervo 4.271 processos, sendo 4.232 processos físicos e 39 eletrônicos[1], a serem apreciados por apenas sete ministros. Nesse ponto, surge o primeiro óbice ao norteador princípio da celeridade, tendo em vista que se tem uma média de 610 processos por ministro.

Considerando a importância e a complexidade dos processos, o julgamento constitui tarefa árdua, principalmente porque a Justiça Eleitoral não tem corpo julgador exclusivo, valendo-se de magistrados das Justiças estadual, federal, e até de advogados em seus tribunais, que, por sua vez, não se afastam de suas funções.

O art. 119, I, "a" e "b", da CR/88, é claro quanto à composição do TSE ser de ministros do STF e do STJ, que acumulam a função de magistrados eleitorais à sua atribulada função judicante de seus tribunais de origem.

Em relação à sua função administrativa, há de se ressaltar que a Justiça Eleitoral tem obtido êxito na organização do pleito eleitoral há muito tempo,

---

1 Dados constantes no site do TSE. Disponível em: <http://www.tse.jus.br/transparencia/estatistica-processual/estatistica-processual>. Acesso em: 25 abr. 2016.

ao verificar-se que as votações têm transcorrido na maior normalidade, o que fortalece o sufrágio universal e, portanto, a própria democracia.

Segundo dados do TSE, no turno das Eleições Gerais, que ocorreu em outubro de 2014, compareceram às urnas 142.822.046 (cento e quarenta e dois milhões, oitocentos e vinte dois mil e quarenta e seis) cidadãos. No entanto, só foram contabilizadas, em segundo turno de votação, 1.052 ocorrências[2], o que representa menos de 0,00074% do número total de votantes.

Cumpre destacar ainda que a Justiça Eleitoral brasileira é exemplo de agilidade na divulgação dos resultados das eleições e, até o momento, não existe caso comprovado de violação das urnas eletrônicas.

Em relação à participação popular no processo de escolha dos representantes dos cidadãos, entende-se que o exercício do sufrágio vai muito além do simples direito de voto, assim como os direitos políticos, assegurados no texto constitucional. É necessária a otimização dos mecanismos de participação cidadã, como é o caso das iniciativas populares de lei (art. 61, § 2º, CR/88).

Como exemplos de leis de iniciativa popular que contaram com a assinatura de milhões de brasileiros, cita-se a Lei nº 9.840/99 que inseriu na Lei das Eleições (Lei nº 9.504/97) o art. 41-A, que possibilitou a cassação do registro ou do diploma para os candidatos que incorrerem na prática de captação ilícita de sufrágio; bem como a Lei da Ficha Limpa (Lei Complementar nº 135/10), que criou novas hipóteses de inelegibilidade às estabelecidas pela Lei Complementar nº 64/90.

Vislumbram-se formas de empoderamento da sociedade brasileira, enxergando-a como uma coletividade aberta de intérpretes e praticantes do texto constitucional, no que diz respeito ao exercício do direito ao sufrágio e, principalmente, em uma escolha consciente de seus representantes.

Não se pode, contudo, delegar apenas à sociedade civil o papel de buscar as informações políticas necessárias para conhecimento de seus elegíveis. É necessário que o Estado, como instituição organizada, atue proativamente nesse empoderamento social.

---

[2] Dados constantes no site do TSE afirmam que "a Justiça Eleitoral registrou 1.052 ocorrências neste segundo turno das Eleições/2014. Destas, 451 resultaram em prisão; as demais (601) foram solucionadas sem que nenhum cidadão fosse preso. As principais ocorrências foram de boca de urna, com 406 registros (268 com prisão e 138 sem prisão), e divulgação de propaganda, com 303 registros (48 com prisão e 255 sem prisão)" (TRIBUNAL SUPERIOR ELEITORAL, 2014c).

O TSE, até o momento, tem exercido de forma tímida nesse papel (limitando-se a alguns mecanismos de consulta popular, como propagandas feitas nos meios de comunicação) informações divulgadas em seu portal de transparência e programas como o DivulgaCand[3].

Terceiro ponto de discussão diz respeito à exiguidade[4] do prazo legal para que a Justiça Eleitoral analise todos os pedidos de registro de candidatura. Se por um lado o número de candidatos vem aumentando com a criação de novas agremiações partidárias, por outro a minirreforma eleitoral, promovida pela relativamente recente Lei nº 13.165/15, aproximou o prazo final do pedido de registro de candidatura ao dia do pleito, obrigando os juízes eleitorais a decidir sobre os pedidos em tempo ainda mais limitado.

Isso resultará em um cenário ainda maior de dúvida, pois, certamente, uma quantidade maior de candidatos concorrerá ao pleito sem posicionamento definitivo acerca de sua elegibilidade. Como consequência, poderá ocorrer um enfraquecimento da confiança popular na Justiça Eleitoral, e, consequentemente, no próprio sistema de eleições.

Ainda de acordo com o banco de dados do TSE, o número de decisões julgadas em julho de 2014 foi de 314 (trezentas e quatorze), enquanto em agosto, setembro e outubro, devido aos pedidos de registro de candidatura, foi, sucessivamente, de 2.252 (duas mil duzentas e cinquenta e duas), 2.516 (duas mil quinhentas e dezesseis) e 2.003 (duas mil e três) decisões[5]. Ainda assim, 794 possíveis candidatos[6] foram às urnas nas eleições de 2014 sem saber da decisão final

---

[3] Segundo dados do TSE, o "DivulgaCand é o sistema responsável pela divulgação das candidaturas registradas em todo o Brasil. Por meio desse sistema, é possível consultar o quantitativo de candidaturas e verificar a situação do candidato, assim como todos os seus dados, conforme foi informado à Justiça Eleitoral. O sistema é disponibilizado na Internet para todos os cidadãos. Para acessá-lo, não há necessidade de cadastro prévio ou autenticação de usuário" (TRIBUNAL SUPERIOR ELEITORAL, 2014a).

[4] A Lei nº 13.165/15 alterou novamente o prazo final para que os partidos políticos apresentem os pedidos de registro de candidatura dos seus filiados, que agora passa a ser 15 de agosto do ano do pleito (art. 11, *caput*, da Lei nº 9.504/97). Além disso, soma-se o fato do número de candidatos só aumentar a cada eleição. Nas eleições de 2014, por exemplo, foram deferidos 26.171 pedidos de registros de candidaturas, segundo dados do TSE (TRIBUNAL SUPERIOR ELEITORAL, 2014b). Por outro lado, a Justiça Eleitoral manteve o primeiro domingo de outubro como prazo final para o deferimento dos registros de candidatura.

[5] Disponível em: <http://www.tse.jus.br/transparencia/estatistica-processual/estatistica-processual>. Acesso em: 26 abr. 2016.

[6] Dados veiculados no portal G1 notícias com base em informações prestadas pelo TSE.

da Justiça Eleitoral, que, por causa do número elevado de recursos e número reduzido de magistrado, teve prazo exíguo para a análise e decisão dos recursos.

Por fim, se analisarão formas de se almejar uma atuação mais dinâmica e proativa da Justiça Eleitoral e dos partidos políticos na interação com o cidadão, tudo como forma de se obter o fortalecimento do regime democrático brasileiro.

7.1 Empoderamento do eleitor na busca do fortalecimento da condição de cidadão

Define-se empoderamento social como processo sociopolítico pelo qual há um fortalecimento dos sujeitos sociais nos espaços de participação social e democratização política, como bem explicam as professoras Maria Elisabeth Kleba e Agueda Wendausen (2009, p. 733-743).

O empoderamento não é algo estático e sim dinâmico, pois é formado por ações contínuas da sociedade e de seus membros na consecução de um espaço unitário de atuação, em que seja garantido a cada membro o direito de fala e defesa de seus ideários.

Para que haja o crescimento social e político de uma sociedade, é necessária a existência de um sentimento de "eu-coletivo". Como não é possível viver sozinho, torna-se necessário abrir mão de parcela da individualidade para o Estado (sociedade organizada). Este, por meio de um contrato social, aceito pela maioria, protegerá e auxiliará cada indivíduo na consecução de seus objetivos, desde que se passe por um discurso plural e igualitário em prol do coletivo, como bem defendia Jean Jacques Rousseau (2010). Por sua vez, o indivíduo passa a fazer parte do corpo social a partir do momento em que confia nele como entidade garantidora de seus direitos e quando tem suas obrigações preestabelecidas em um texto material supremo, no caso a Constituição de um Estado, que, como se denota do próprio nome, é o elemento integrador do Estado e de seus cidadãos.

Contudo, tal confiança não deve ser confundida com mera obediência ou temor ao texto magno, o que leva o cidadão apenas a se distanciar de seu empoderamento e afundar-se no medo de descumprir o que nem sabe que deve observar. Esse comportamento leva a democracia à descrença popular e a um

---

Disponível em: <http://g1.globo.com/politica/eleicoes/2014/noticia/2014/10/quase-800-candidatos-disputam-eleica o-sem-candidatura-confirmada.html>. Acesso em: 26 abr. 2016.

governo de poucos, transformando-se a Constituição em mera "folha de papel", como sugere o eminente professor Ferdinand Lassalle (2012).

Assim, para que se atinja o ponto médio, capaz de atender a todos os direitos contrapostos, oriundos dos mais diversos pensamentos e formações sociais, o texto constitucional deverá manter um diálogo constante com seus destinatários (povo), no processo de construção de um texto acolhedor e empoderador de todos ao mesmo tempo, ou seja, um texto que funcione como uma justiça corretiva e igualitária, ou, nos ensinamentos de Aristóteles:

> [...] o igual é o intermediário entre o maior e o menor, mas o ganho e a perda são respectivamente menores e maiores de modos contrários: maior quantidade do bem e menor quantidade do mal são ganhos, e o contrário é perda; o meio-termo entre os dois é, como já vimos, o igual, que chamamos justo; portanto, a justiça corretiva será o meio-termo entre perda e ganho (ARISTÓTELES, 2010, p. 107).

Tendo esses conceitos como fundamento, tem-se que o cidadão só pode se empoderar a partir de um processo de participação igualitária na vida social. Para que isso ocorra, é de fundamental importância que ele não somente conheça o texto constitucional que o liga a seu Estado, mas que participe de sua elaboração constante e, o mais importante, que se torne seu primeiro intérprete.

Lançando mão dos ensinamentos do ilustre professor Peter Häberle, em sua homenageada obra *Hermenêutica Constitucional: a sociedade aberta dos intérpretes da Constituição*, defende-se que uma sociedade se torna cada vez mais democrática à medida que seus integrantes são mais participativos, atuantes e empoderados na vida pública. Contudo isso só é possível quando todos, antes de lutarem por seus ideários político-sociais, conhecem e tornam-se intérpretes ativos do texto constitucional.

O referido autor já havia percebido que a hermenêutica constitucional clássica era formada por uma sociedade que ele denominou como fechada, da qual tomam parte apenas os intérpretes jurídicos vinculados a "corporações" e aqueles participantes formais do processo constitucional (HÄBERLE, 2002, p.13).

Trazendo isso para a realidade brasileira atual, poder-se-ia falar que os intérpretes da Constituição seriam a sociedade fechada dos magistrados, em especial os Tribunais Superiores e o STF, e os bacharéis do Direito. Ou seja, continua-se com uma sociedade desempoderada, que cada dia mais só reclama da política e dos políticos, mas não se vê como verdadeira intérprete do texto magno, capaz de mudar sua realidade.

Tal fato é de tamanha relevância que a listagem entregue à Justiça Eleitoral em outubro de 2014 contabilizou, no Filiaweb, apenas 15.264.775 (quinze milhões, duzentos e sessenta e quatro mil, setecentos e setenta e cinco) eleitores filiados a partidos políticos, o que corresponde a pouco mais de 10% do eleitorado nacional (SUPERIOR TRIBUNAL ELEITORAL, 2015a).

Conclui-se que o eleitor não tem interesse na participação político-partidária, provavelmente, por não se sentir representado pela classe política[7]. O resultado desse desapreço pela política é um indicador de que o cidadão não se vê como partícipe proativo do corpo social.

Cite-se a lição de José Jairo Gomes a respeito do tema:

> Percebe-se um certo desencantamento pelo atual modelo de democracia representativa. Nem os partidos nem os mandatários sentem-se obrigados a manter os compromissos assumidos anteriormente. Aliás, por vezes, nem mesmo o ideário do partido é observado. Ao fim e ao cabo, os cidadãos não se sentem representados nas instâncias político-estatais.

Por tudo isso, já se ouvem vozes a propagarem a necessidade da superação da concepção atual de representação político-partidária. Defende-se a implantação de uma efetiva democracia representativa (GOMES, 2010, p. 32).

No mesmo sentido é a opinião de Rodolfo Viana Pereira:

> O isolamento, a clausura e a crescente burocratização das instâncias de decisão, a perda da capacidade de mobilização e de conquista de "capital social" por parte dos partidos políticos, a impressão generalizada de queda de desempenho dos poderes e das agências estatais, o enfraquecimento da legitimidade governamental e parlamentar em face dos altos níveis de abstencionismo e desinteresse popular pela política oficial são alguns dos fatores que colocaram em questão a capacidade global das estruturas e atores políticos tradicionais em cumprir de modo razoável as funções deles esperadas (PEREIRA, 2008, p. 147).

Corroborando a tese mencionada, André Luiz Vieira Dias e Maria Teresa Miceli Kerbauy concluem:

> [...] (i) que os brasileiros são pouco ou nada interessados por política; (ii) participam das eleições mas não das atividades tradicionais e novas formas de engajamento político; (iii) apoiam e estão razoavelmente satisfeitos com a democracia (DIAS; KERBAUY, 2015, p.173-175).

---

[7] Disponível em: <http://www.tse.jus.br/imprensa/noticias-tse/2015/Abril/prazo-para-partidos-enviarem-lista-de-filiados-termina-em-14-de-abril>. Acesso em: 30 abr. 2016.

Assim, retornando aos ensinamentos de Peter Häberle, concorda-se com sua propositura de ver a sociedade como corpo aberto e em contínua atuação hermenêutica constitucional:

> A interpretação constitucional é, em realidade, mais um elemento da sociedade aberta. Todas as potências públicas, participantes materiais do processo social, estão nela envolvidas, sendo ela, a um só tempo, elemento resultante da sociedade aberta e um elemento formador ou constituinte dessa sociedade [...]. Os critérios de interpretação constitucional hão de ser tanto mais abertos quanto mais pluralista for a sociedade (HÄBERLE, 2002, p. 13).

Em conformidade com esse ensinamento, defende-se que a população brasileira deixe de lado seus preconceitos formados sobre a política e os políticos e passe a ser a verdadeira intérprete do texto constitucional, em especial, dos direitos políticos erigidos entre os artigos da CR/88, e assim possa trazer para a seara comunitária, de uma sociedade aberta de intérpretes, o pluralismo social, para que, em igualdade e com justiça corretiva, possa construir uma democracia verdadeiramente participativa, proativa e atuante.

O empoderamento social é fator essencial para o processo democrático brasileiro e o verdadeiro conhecimento público dos representantes dos cidadãos no poder. Todavia isso só será possível por meio de uma sociedade aberta de intérpretes dos direitos políticos brasileiros, erigidos na CR/88, com participação popular efetiva, em defesa dos pluri-ideários político-sociais existentes, como elemento de fortalecimento da soberania popular.

7.2 A participação estatal no empoderamento do cidadão brasileiro e na formação de sua escolha política

A sociedade, quando se torna um ente organizado por meio de um poder central (governo) em determinado território, pode ser chamado de Estado e, como tal, seus cidadãos têm plena confiança em seu soberano. Decorrente dessa confiança e valendo-se ainda dos nobres ensinamentos de Jean Jacques-Rousseau, pode-se afirmar que:

> A partir do momento em que essa multidão assim reunida num corpo, não se pode ofender um dos membros sem danar o corpo e ainda menos ofender o corpo sem que os membros o resistam. O dever e o interesse obrigam pois as duas partes contratantes a mutuamente se coadjuvarem, e os próprios homens devem esmerar-se em obter todas as vantagens que dessa dupla relação dependem (ROUSSEAU. 2010, p. 31).

Assim posto, o que se pretende é que o Estado, por meio das suas funções organizadas do Poder (Executivo, Legislativo e Judiciário), coadjuvem (usando dos termos de Rousseau) ou auxiliem os cidadãos no processo de empoderamento e, principalmente, no momento de escolha consciente de seus elegíveis.

A atuação legislativa no empoderamento do cidadão é de fundamental importância, assim como a executiva, pois, como afirma Rousseau, o cérebro do poder soberano é o Executivo e o coração é o Legislativo (ROUSSEAU, 2010, p. 83); portanto, ele tem que participar conjuntamente em benefício do ideário social.

O Legislativo nacional tem obtido atuação muito restrita no processo em questão. Não se relega o grande papel da Constituição da República de 1988 na consagração da série de direitos e garantias políticas asseguradas ao cidadão brasileiro. Todavia, no próprio texto vislumbra-se uma pequena regressão em relação às legislações imperiais: a exclusão do analfabeto do corpo de elegíveis. Ademais, o Legislativo tem cumprido um papel apenas de reformador da legislação eleitoral e não como criador de políticas públicas capazes de empoderar o cidadão pátrio.

Citem-se, como exemplos, a LC n° 64/90, que recriou as hipóteses de inelegibilidade, que posteriormente foram alteradas pela LC nº 81/94 e pela LC nº 135/15 (Lei da Ficha Limpa); Lei nº 9.096/95 (Lei dos Partidos Políticos); Lei nº 9.504/96, que regula o processo eleitoral no Brasil, que passou por diversas alterações, pelas Leis nº 9.840/99, 10.408/02, 10.740/03, 11.300/06 e 12.034/09; também a EC nº 16/97, que alterou o § 9º do art. 14, permitindo a reeleição de detentores do cargo eletivos para o Executivo; a EC nº 45/2004, denominada reforma do Judiciário; e a EC nº 52/06, que disciplinou a figura das coligações político-partidárias.

Uma das formas que tem o Congresso Nacional (como titular do poder de reforma eleitoral) de incentivar o empoderamento popular são as denominadas audiências públicas, nas quais os cidadãos debatem questões referentes a temas propostos pelos parlamentares, podendo os resultados ser acompanhados pelos meios de comunicação.

É de se notar, também, outra forma de atuação do Legislativo quanto à participação popular que vem ocorrendo na Câmara Municipal de Belo Horizonte, com o programa denominado Câmara Mirim. Trata-se de uma iniciativa da Câmara Municipal de Belo Horizonte, em parceria com o TRE-MG e com a Universidade Federal de Minas Gerais, por meio do curso de Ciências

Políticas, que todo ano elege 45 vereadores mirins, entre os estudantes das escolas públicas municipais, que passam a se reunir uma vez por mês, na Câmara Municipal de Belo Horizonte (2016).

Além de aprender sobre processo legislativo, os estudantes formulam propostas de solução para os problemas comunitários. Ao final, tais propostas são "discutidas e votadas em Sessão Plenária e, posteriormente, encaminhadas para a Comissão de Participação Popular da Câmara Municipal" (CÂMARA MUNICIPAL DE BELO HORIZONTE, 2016). Em caso de viabilidade, as propostas são apresentadas, em nome da Comissão, para tramitação legal no Legislativo municipal.

O projeto promove, portanto, nas crianças, e por consequência em seus pais e nos adultos envolvidos, o desenvolvimento da consciência política e participativa da sociedade, além da educação cidadã e do empoderamento social.

Isso se justifica pelo fato de que o cidadão é o único que realmente conhece o problema de sua comunidade e correlato com isso traria a ele maior satisfação em atuar, efetivamente, como participante do processo de elaboração de soluções das mazelas sociais, e mais respeito e interesse na participação cidadã.

O projeto Câmara Mirim não é a solução final para o empoderamento do cidadão, mas com certeza é uma forma de aproximação do cidadão com a casa legislativa e com a política nacional, a qual, atualmente, o povo brasileiro entende começar e se encerrar no período das eleições.

Em outros termos, seria mostrar para o cidadão que ele é o verdadeiro titular do Poder e que tem voz representativa para isso e, nos dizeres propostos, tornaria o cidadão consciente de que ele é parte na formação e elaboração do texto legal, em uma sociedade aberta dos intérpretes dos direitos políticos nacionais.

Tomando por base os ensinamentos de Léon Duguit de que o povo, quando passa a ter conhecimento de seus direitos, também passa a conhecer melhor seus representantes, sendo isso de fundamental importância para que o parlamento não se torne um "despotismo de assembleias populares" (DUGUIT, 2009, p. 75). Explica o autor:

> [...] Mediante o voto, criam-se os parlamentos contra o despotismo dos reis; devemos reconhecer agora o precário direito do indivíduo contra o despotismo dos parlamentares [...] Entretanto, a partir daí, surge o despotismo das assembleias populares, mais radicais que as precedentes, estabelecidas contra o despotismo dos reis. A injustiça é sempre injusta, seja praticada pelo povo, por seus representantes, ou por um príncipe, e,

com frequência, a instituição da soberania popular costuma esquecer-se disso (DUGUIT, p. 68-75).

No que concerne ao Poder Executivo, não há muito o que se dizer, pois, assim como o Legislativo nacional, sua atuação tem sido meramente voltada ao cumprimento do elucidativo rol dos direitos fundamentais e sociais da CR/88, restringindo ao período eleitoral a veiculação dos direitos políticos.

Interessante seria que os titulares do Executivo, nos três níveis da República Federativa, realizassem programas de informação social ao cidadão, por meio de suas subdivisões administrativas (ministérios e secretarias de Estado e municipais).

Uma dessas ações, por exemplo, poderia ser, por meio do Ministério da Educação, a inclusão no Plano Nacional de Educação (PNE) de uma disciplina específica, do Ensino Fundamental II (quinto ao nono ano) ao Médio, cujo conteúdo fossem os direitos políticos do cidadão brasileiro. Tal proposição se fundamenta no art. 214, V, da CR/88 e nas próprias diretrizes do PNE, esculpidas na Lei nº 13.005/14, art. 2º, incisos III, V, VI, VII e X[8], que, entre outros dizeres, vinculam o Plano ao desenvolvimento e à promoção da cidadania brasileira nas escolas nacionais (públicas e privadas).

Para corroborar esse entendimento, transcrevem-se os ensinamentos de Marcos Antônio Lorieri e Rodrigo Barboza dos Santos:

> A educação de modo geral e a educação escolar em especial não pode se limitar às informações, apesar de vivermos numa época em que se dá muito prestígio a ela. As informações são importantes, mas, juntamente com elas, é necessário que se ofereçam às crianças e aos jovens o aprendizado e o exercício da reflexão e da crítica [...] pois, além delas (informações – SIC) precisamos saber articulá-las para construir entendimentos, explicações e significados. Para isso é necessário o trabalho do pensamento que seja reflexivo, crítico, rigoroso, profundo e contextualizado (LORIERI; SANTOS, 2015, p. 240).

---

[8] A Lei que disciplina o PNE, em conformidade com o texto constitucional de 1988, traz, entre outras, as diretrizes mais condizentes com os direitos políticos, nos seguintes termos: "Art. 2º São diretrizes do PNE: III - superação das desigualdades educacionais, com ênfase na promoção da cidadania e na erradicação de todas as formas de discriminação; V - formação para o trabalho e para a cidadania, com ênfase nos valores morais e éticos em que se fundamenta a sociedade; VI - promoção do princípio da gestão democrática da educação pública; VII - promoção humanística, científica, cultural e tecnológica do País; [...] X - promoção dos princípios do respeito aos direitos humanos, à diversidade e à sustentabilidade socioambiental" (BRASIL, 2014a).

No contexto proposto, em vez de o conteúdo político ser vinculado a meras informações nas disciplinas de Geografia (geopolítica), História, Filosofia e Sociologia, haveria uma disciplina única para discussão ampla e crítica dos alunos na escola, e até em casa com os pais e demais adultos, sobre os direitos políticos e cidadãos do povo brasileiro.

Essa ação seria mais um passo na formação do que se denominou, desde o início deste capítulo, como sociedade aberta de intérpretes dos direitos políticos nacionais, o que pode tornar as escolhas dos representantes políticos mais críticas e racionais.

Em regra, a atuação da Justiça brasileira se resume às promovidas pela Justiça Eleitoral. No entanto, os direitos políticos são de observação e defesa obrigatória de todos os Poderes e, consequentemente, de suas subdivisões. Desse modo, todos os tribunais deveriam promover ações voltadas ao empoderamento do cidadão brasileiro, tendo em vista que a cidadania é um dos fundamentos da República Federativa do Brasil, nos termos do art. 1º, II, da CR/88.

Sugere-se, como outra ação tendente a promover a consciência política e participativa do cidadão, a promoção de cursos voltados para temas de direitos políticos e capacitação do cidadão, pelas escolas judiciárias. Com o avanço dos meios de comunicação, tais cursos poderiam ser vinculados até por meio da rede mundial de computadores (internet) para todos aqueles que se interessassem.

Sobre o tema, merecem destaque os ensinamentos de Maria Augusta Ferreira da Silva Castanho, que defende que a democracia representativa pode ser reformulada pela internet, ampliando os espaços de participação e estimulando a capacidade de intervenção na esfera pública, mobilizando, pressionando, persuadindo os atores públicos (CASTANHO, 2014, p. 230).

Nesta seção, o que se quis reforçar foi a importância de uma atuação estatal ativa, por meio dos Poderes instituídos no art. 2º da CR/88, quanto à criação de políticas públicas capazes de formar uma consciência cidadã no eleitorado brasileiro.

As pessoas precisam deixar de ser meras espectadoras da política nacional, transformando-se em verdadeiros participantes da cena política, contribuindo para a elaboração de leis e para a escolha consciente e informada de seus representantes. Em termos mais singelos, faz-se necessário o desenvolvimento de uma sociedade aberta e participativa de intérpretes conscientes dos direitos políticos brasileiros.

7.3 O papel dos partidos políticos na definição dos candidatos ao pleito eleitoral e a participação do cidadão na vida política

Os partidos políticos são pessoas jurídicas de direito privado e que exercem a função representativa de um ideário político-partidário na figura de seus filiados.

Eles devem registrar seus atos constitutivos, após adquirirem suas personalidades jurídicas, no Tribunal Superior Eleitoral, como determina o art. 17, § 2º, da CR/88. Uma vez registrados, os partidos políticos adquirem, nos termos da lei civil, personalidade, mas em conformidade com a CR/88 ainda lhes falta o requisito constitutivo, qual seja, o registro de seus estatutos na Justiça Eleitoral.

As agremiações partidárias deverão ser compostas por filiados e observarão os seguintes preceitos: a) caráter nacional; b) proibição de recebimento de recursos financeiros de entidade ou governo estrangeiros ou de subordinação a estes; c) prestação de contas à Justiça Eleitoral; d) funcionamento parlamentar de acordo com a lei, nos termos do art. 17 da CR/88 (BRASIL, 1988).

Como se pode perceber, os partidos políticos são pessoas jurídicas de direito privado, cuja relação com seus filiados é eminentemente dessa natureza, contudo sua atuação é de fundamental importância para a República, uma vez que não é possível o regime democrático brasileiro atual sem essas pessoas, como preceitua o princípio da democracia partidária (art. 14, § 3º, V, CR/88).

José Jairo Gomes (2015, p. 41-43) ensina que a democracia partidária é um princípio do Direito Eleitoral e que, considerando que a representação política atual se faz necessariamente por intermédio dos partidos políticos, vive-se em uma verdadeira democracia partidária.

Em termos mais singelos, o que se pretende demonstrar é que os partidos políticos exercem papel fundamental na democracia brasileira, tendo em vista que a CR/88 elenca como uma das condições de elegibilidade à filiação partidária. Com base nesse entendimento, não é difícil se denotar que as agremiações políticas devem agir proativamente, assim como se verificou em relação ao Estado brasileiro, no processo de empoderamento do cidadão.

Para o cidadão, tão importante quanto o conhecimento em relação aos direitos políticos é o conhecimento dos ideários partidários de cada agremiação, para que ele possa realizar uma escolha eleitoral consciente.

A Lei nº 9.096/95 (Lei dos Partidos Políticos) determina que os partidos políticos devem "assegurar, no interesse do regime democrático, a autenticidade do sistema representativo e a defender os direitos fundamentais definidos na Constituição Federal" (art. 1º, *in fine*) (BRASIL, 1995).

Assim, eles devem promover, na forma de seus ideários partidários e estatutos, ações que objetivem empoderar o cidadão brasileiro quanto a seus direitos políticos, inclusive o de se candidatar a representante popular nos pleitos eleitorais. Ainda, devem oferecer a ele o conhecimento de quais sãos os fundamentos norteadores daquela agremiação e das demais, para que o cidadão possa escolher qual delas melhor lhe representará no parlamento e no Executivo nacional, regional e local.

Entre os art. 45 a 49, inclusive, da Lei nº 9.096/95, há toda uma disciplina quanto à vinculação de propagandas partidárias destinadas a essas pessoas nos meios de comunicação (rádio e televisão), com o objetivo de difundir seus ideários para seus filiados e para aqueles que pretendem sê-lo.

Contudo, o que se observa é que essas propagandas tendem a proliferar apenas na época das eleições e com fito de alcançar votos, e não para esclarecer o cidadão sobre quais são seus direitos políticos e os ideários daquela agremiação.

José do Carmo Veiga de Oliveira, com propriedade esclarece, nesse sentido:

> No entanto, com o passar dos anos tem-se constatado que essa propaganda eleitoral gratuita tem servido, na verdade, para grande parte da população eleitoralmente ativa, como forma de se distanciar das atividades políticas, devido ao fato de que mais desinformam que informam, em razão do tipo de informações que têm sido disponibilizadas ao eleitor e, ainda, em virtude da própria qualidade daqueles que se apresentam como candidatos ao exercício de cargos políticos (OLIVEIRA, 2014, p. 436).

O resultado disso é que, em 2015, apenas 17% da população consultada pelo IBOPE confiavam na atuação dos partidos políticos. Na escala estabelecida pela instituição, essa porcentagem indica "nenhuma confiança" nessas instituições, o que é um grande perigo para a democracia brasileira, pois, como já se demonstrou ser a democracia brasileira, partidária. Ainda, segundo o IBOPE, os índices de confiança nos partidos em 2009, 2010, 2011, 2012, 2013, 2014 eram respectivamente de 31%, 33%, 28%, 29%, 25%, 30%, ou seja, embora em constante mudança, sempre indicou a desconfiança pública nessa instituição (IBOPE, 2015, p. 6-7).

Pode-se observar também que o maior nível de desconfiança foi entre os homens (16% confiam), entre vinte e cinco e vinte nove anos (15% confiam), das classes "A/B/C" (16% confiam), da Região Sul (14% confiam) e de outras religiões diferentes da católica e da evangélica (16% confiam) (IBOPE, 2015, p. 9).

Corroborando esses dados, como já informado, tão somente 15.264.775 (quinze milhões, duzentos e sessenta e quatro mil, setecentos e setenta e cinco) eleitores são filiados a partidos políticos no Brasil, o que corresponde a pouco mais de 10% do eleitorado nacional. Isso demonstra o desinteresse pela participação na política nacional, por diversos motivos, sendo um deles o enfraquecimento dessas instituições democráticas (os partidos) na vida da população, ao não informar os direitos desta e dos ideários defendidos por daquelas, para que se possa colocá-las dentro destes (ideários) e se criar uma população empoderada e atuante.

Nesse sentido, elucida José do Carmo Veiga de Oliveira, é evidente que, se tratando de matéria eleitoral, os eleitores, que são os sujeitos ativos desse processo, necessitam conhecer as pessoas que postulam, para si, o direito de representação da população junto às várias esferas do poder político, em qualquer dos cargos disponíveis para se candidatarem (OLIVEIRA, 2014, p. 435). O jurista ainda argumenta que o direito de informação, para efeito de decidir sobre qual seria seu melhor representante, viabiliza a própria continuidade do regime democrático brasileiro, inscrito no art. 1º da CR/88 (OLIVEIRA, 2014, p. 437)

Ainda sobre o direito de informação do eleitor, decidiu o STF, na ADI nº 3.741-2/DF, que "a liberdade de expressão do pensamento, portanto, completa-se no direito à informação, livre e plural, que constitui um valor livre e indissociável à ideia de democracia no mundo contemporâneo" (BRASIL, 2006).

A atuação dos partidos políticos deve ser revertida para um papel, mais proativo, livre e plural, de empoderamento do cidadão, seja pelos meios de comunicação clássicos, como jornais e revistas, seja pelos modernos, como o rádio e a televisão e os de rápida circulação, como a rede mundial de computadores (internet) e as redes sociais. E isso é de tamanha importância para sustentação da democracia representativa brasileira que o professor Vicente Ráo já salientou, no século passado, que "[...] na sociedade contemporânea, em grande parte o fenômeno de formação da vontade do Estado se opera no seio dos partidos [...]" (RÁO, 1932, p. 174)[9].

---

[9] Texto produzido pela primeira conferência feita pelo Professor Vicente Ráo no Primeiro Curso de Extensão Universitária, promovido pela Faculdade de Direito de São Paulo.

Por fim, mas não menos importante, vale relembrar que o pedido de registro de candidatura no Direito pátrio é realizado pelos partidos políticos perante a Justiça Eleitoral. Assim o sendo, a atuação deles deve voltar-se não só para o empoderamento do cidadão eleitor, mas também para o cidadão votado (seu filiado).

Quando os partidos políticos passarem a exercer um papel mais proativo na vida da população, poderá se ver maior interesse do eleitorado pelo pleito no que concerne a ser candidato. Também haverá mais uma engrenagem na "máquina" de empoderamento do cidadão brasileiro, em relação à atuação social e estatal, na construção de uma sociedade aberta e participativa de intérpretes conscientes dos direitos políticos brasileiros.

7.4 Atuação da Justiça Eleitoral na definição dos candidatos ao pleito eleitoral e na formação do interesse do eleitor pela vida política

À Justiça Eleitoral, como já bem se salientou nesta obra, se confere uma série de atribuições ou funções que lhes são delegadas pela CR/88 e pela legislação infraconstitucional, as quais se resumem em quatro grandes blocos: a função judicante, a normativa, a consultiva e a administrativa.

No exercício dessas funções, a Justiça Eleitoral tem exercido papel fundamental para a democracia brasileira, atuando, com certa habilidade, de maneira proativa na formação de uma política mais igualitária, como exige o texto de 1988.

Maior destaque cabe-lhe na organização e realização do pleito eleitoral, visto que vem se verificando grande normalidade no andamento de todo processo eleitoral. Há de se salientar que um dos poucos países do mundo que tem um sistema informatizado de apuração rápida e confiável de votos é o Brasil, por meio do sistema de urnas eletrônicas.

Edson Resende de Castro, com muita propriedade, ensina que o sistema eletrônico de votação brasileiro é um grande avanço para a política brasileira, pois a apuração é rápida e eficaz, visto que, à medida que os votos vão sendo depositados na urna, o próprio sistema informatizado vai procedendo à apuração, computando os votos para os candidatos ou para as legendas. Ao final da votação, basta efetuar o comando para a totalização e emissão do Boletim de Urna (BU), cuja cópia será disponibilizada aos fiscais partidários que se fizerem presentes (CASTRO, 2014, p. 377).

Muito embora pairem suspeitas a respeito da confiabilidade das urnas eletrônicas, fato é que nestes 20 (vinte) anos em que elas estão sendo usadas, nunca se conseguiu comprovar um único caso de fraude. Sabe-se que não existe metodologia infalível de contagem de votos, mas certamente as cédulas de papel são mais vulneráveis que as urnas eletrônicas.

Quanto à organização do pleito eleitoral, o TSE tem tido um papel proativo na informação ao eleitor de seus direitos ligados ao sufrágio universal, seja mediante propagandas eleitorais ou por meio da divulgação de panfletos informativos, como o guia *Por dentro da urna*[10], a cartilha *Eleitor consciente*[11]; o *Manual do mesário*[12]; ou até mesmo por meio da divulgação eletrônica dos dados dos elegíveis (DivulgaCand[13]) e do resultado instantâneo da apuração das votações.

Outra inovação que a Justiça Eleitoral vem promovendo para garantir a segurança e a autenticidade do cidadão no momento das eleições é o sistema biométrico de votação, pelo qual, "a liberação das urnas não é mais feita pelos mesários, mas pela leitura das impressões digitais do próprio eleitor"[14].

Ainda quanto à organização do pleito, outra função de destaque da Justiça Eleitoral é a normatizadora. O TSE, por meio de suas resoluções, regula, todo ano eleitoral, uma série de questões obscuras da legislação eleitoral, como lhe permitem a CR/88 em seu art. 121, *caput*, e o CE no art. 1º, parágrafo único.

O plenário do TSE aprovou em março de 2018 (em conformidade com o art. 105 da Lei da Eleições), todas as Resoluções que regularão o pleito eleitoral

---

10 O Guia esclarece para o eleitor o funcionamento da urna eletrônica e como o cidadão deve proceder no dia da eleição, assim como pode confiar no procedimento do pleito (TRIBUNAL SUPERIOR ELEITORAL, 2010).

11 Esclarece ao eleitor como pode ele exercer conscientemente seu direito de voto no dia das eleições, tendo em vista que a eleição é um momento importante na definição do futuro da nação (TRIBUNAL SUPERIOR ELEITORAL, 2014).

12 Informa ao cidadão que se inscreve ou que pretende fazê-lo, para trabalhar voluntariamente nos dias das eleições com o fito de contribuir para o processo eleitoral brasileiro, trazendo informações importantes de como proceder em diversas situações que possam ocorrer no dia da votação (BRASIL, 2012).

13 Tal programa efetivamente demonstra todos os dados informados pelo partido político acerca do candidato ao pleito daquele ano como nome, filiação partidária, receita de gastos em campanha e bens que possui a época do pleito (TRIBUNAL SUPERIOR ELEITORAL, 2014b).

14 O TSE ainda informa que "é a tecnologia a serviço da segurança do voto e da lisura do processo eleitoral" (TRIBUNAL SUPERIOR ELEITORAL, 2016).

das eleições municipais de 2018, sendo exemplo Resolução nº 23.5552/2017, que compila todas as demais e traz todo o calendário do pleito (BRASIL, 2018).

Quanto ao exercício de outra função da Justiça Eleitoral, a consultiva, há que se destacar sua fundamental importância para a democracia representativa brasileira, pois, por meio de sua atuação, como já exaustivamente demonstrado, o TSE e os TREs evitam demandas infrutíferas ao esclarecerem fato obscuro na norma eleitoral que poderia ensejar a atuação demandante nas cortes.

Por fim, há a atuação judicante da Justiça Eleitoral, que é sua função constitucional por excelência. O que se observa é que o número de processos analisados pelos magistrados eleitorais é enorme e que aumenta no período eleitoral, devido à crescente judicialização dos conflitos.

O mais impressionante é o número reduzido de juízes atuantes, sendo apenas sete no TSE e em cada TRE, os quais assumem função a eleitoral sem se afastar das que ordinariamente exercem no órgão judiciário a que pertencem. O resultado é que alguns candidatos acabam indo para o pleito sem saber se são ou não verdadeiros candidatos, concorrendo com "registro *sub judice*".

Mesmo tendo todos esses aspectos favoráveis à organização do pleito eleitoral, nem tudo são benesses.

A primeira crítica que se faz é o fato das propagandas publicitárias e informativas do TSE e dos TREs serem veiculadas em tempo reduzido e voltadas para a formação de um eleitorado votante e não conhecedor de seus direitos políticos.

A Lei nº 13.365/15 promoveu substanciais alterações no processo eleitoral e reduziu ainda mais a propaganda eleitoral gratuita. O período de propaganda no rádio e televisão foi diminuiu de 45 para 35 dias, com início em 26 de agosto, no primeiro turno. As mudanças favoreceram os partidos de maior bancada no Congresso. Do total do tempo da propaganda, 90% será distribuído proporcionalmente ao número de representantes que os partidos tenham na Câmara Federal ao passo que, anteriormente, somente 2/3 do tempo estava submetido a tal regra (BRASIL, 2015).

Como já vem se sustentando nesta obra, os órgãos públicos e, em especial a Justiça Eleitoral, que tem por objeto de trabalho os direitos políticos, devem exercer papel mais proeminente na formação do senso crítico e consciente de uma sociedade aberta e empoderada de cidadãos conhecedores e intérpretes ativos dos direitos políticos pátrios. Isso pode ocorrer por meio da ampliação dessas políticas públicas, como as elencadas anteriormente, da Justiça Eleitoral ao longo dos anos, não somente no período eleitoral. Nesse sentido, a proibição da chamada propaganda extemporânea[15] afasta o eleitor do debate político, da formação das bases de campanha e da construção das bandeiras partidárias.

No Brasil, o período pré-eleitoral, mesmo diante das recentes inovações legais que flexibilizaram os debates[16], sempre foi marcado pela mordaça. Qualquer tipo de manifestação de cunho político comumente é objeto de questionamento perante o Poder Judiciário ou é alvo de reprimenda pelo Ministério Público por meio de recomendações ameaçadoras.

A segunda crítica é voltada para a atuação regulamentar ou normativa do TSE, que deveria se limitar a interpretar a legislação e editar resoluções meramente reguladoras.

O exercício do poder normativo é uma das mais sensíveis e importantes funções desempenhadas pela Justiça Eleitoral, pois têm sido recorrentes os casos em que, ao se editar uma resolução, seu texto inova em matéria legislativa. A edição das recentes resoluções que versaram sobre (i) verticalização das coligações e sobre (ii) infidelidade partidária são alguns exemplos de excessos do poder normativo e de quebra da separação dos poderes.

Sete meses antes das eleições de 2002, o TSE enfrentou a Consulta Eleitoral nº 715 e definiu que os partidos políticos que ajustassem coligação

---

15 "Art. 36. A propaganda eleitoral somente é permitida após o dia 15 de agosto do ano da eleição" (BRASIL, 1997).

16 "Art. 36-A. Não configuram propaganda eleitoral antecipada, desde que não envolvam pedido explícito de voto, a menção à pretensa candidatura, a exaltação das qualidades pessoais dos pré-candidatos e os seguintes atos, que poderão ter cobertura dos meios de comunicação social, inclusive via internet: I - a participação de filiados a partidos políticos ou de pré-candidatos em entrevistas, programas, encontros ou debates no rádio, na televisão e na internet, inclusive com a exposição de plataformas e projetos políticos, observado pelas emissoras de rádio e de televisão o dever de conferir tratamento isonômico; II - a realização de encontros, seminários ou congressos, em ambiente fechado e a expensas dos partidos políticos, para tratar da organização dos processos eleitorais, discussão de políticas públicas, planos de governo ou alianças partidárias visando às eleições, podendo tais atividades ser divulgadas pelos instrumentos de comunicação intrapartidária; III - a realização de prévias partidárias e a respectiva distribuição de material informativo, a divulgação dos nomes dos filiados que participarão da disputa e a realização de debates entre os pré-candidatos; IV - a divulgação de atos de parlamentares e debates legislativos, desde que não se faça pedido de votos; V - a divulgação de posicionamento pessoal sobre questões políticas, inclusive nas redes sociais; VI - a realização, a expensas de partido político, de reuniões de iniciativa da sociedade civil, de veículo ou meio de comunicação ou do próprio partido, em qualquer localidade, para divulgar ideias, objetivos e propostas partidárias" (BRASIL, 1997).

para eleição presidencial não poderiam formar coligações para governador, senador e para deputado com outros partidos que tivessem, isoladamente ou em aliança diversa, lançado candidato à eleição presidencial. Em seguida, foi editada a Resolução nº 20.933/2002 que inovou no ordenamento jurídico positivando entendimento que não dispunha de correspondente legal. A partir da resposta ofertada à Consulta nº 1.382 – que não deveria ter efeito vinculante –, o TSE, por meio da Resolução nº 22.526/2007, respondeu ao clamor do povo, que se sentia incomodado com o "troca-troca de partidos", e passou a criar a hipótese de perda de mandato eletivo para o parlamentar que trocasse de partido (BRASIL, 2007). A resposta do TSE contrariou o entendimento do STF externado nos Mandados de Segurança nº 20.927 e 23.405 no sentido de que a infidelidade partidária não causava a perda de mandato por falta de previsão no art. 55 da CF/88. Toda vez que a Justiça Eleitoral edita resoluções com esse tipo de conteúdo, passa a exercer a função, não autorizada a ela, de legislador positivo e, portanto, invade a competência do Poder Legislativo. Com a judicialização da vida (BARROSO, 2010, p. 389), o processo de escolha democrática dos representantes do povo tem sido jurisdicionalizado cada vez mais.

O depoimento prestado e a caneta do magistrado vão escolher quem deve ou quem não deve ser o representante do povo – na maioria das vezes – do local onde reside. Esse fenômeno retira dos cidadãos o poder de escolher seus representantes.

Quanto maior a intervenção do Judiciário no processo eleitoral, mais intensos e frequentes são os pontos de interseção entre as instituições e os órgãos eleitorais, fato que afasta ainda mais o interesse do cidadão do processo de votação.

Embora se reconheça a importância para a democracia representativa brasileira das resoluções do TSE e de suas decisões judiciais, deve-se buscar intervenção estatal mínima, sob risco de enfraquecimento do empoderamento social e de desrespeito ao princípio da separação dos poderes.

Como bem asseverado por Gilmar Mendes, em julgamento de ação eleitoral, a intervenção do Tribunal Superior Eleitoral no processo eleitoral há de se fazer de forma minimalista, com o devido cuidado para que não haja alteração da própria vontade popular, sempre com observância ao princípio da proporcionalidade (BRASIL, 2005, p. 97).

Luiz Antônio Sampaio Gouveia defende que:

> Todo o Poder Judiciário põe-se em xeque por conta de uma jurisprudência tradicionalmente invasora da competência do Poder Legislativo, em que ela é produzida por disfunção; e enquanto ela se torna mais hígida que a própria lei; conseguintemente perdendo seu condão específico, que é o de ser instrumento dos tribunais, para intelecção do direito e atualização de suas pautas [do Poder Judiciário] em favor do justo contemporâneo, para substituir a lei (GOUVEIA, 2016).

A terceira crítica à atuação tortuosa da Justiça Eleitoral no empoderamento social diz respeito a sua função judicante. O primeiro problema é a ausência de um corpo magistral próprio, o que é inconcebível por se tratar de uma justiça especializada e que cada dia recebe um número maior de demandas, oriundas do multipartidarismo.

O segundo grande problema é a incerteza que se causa ao cidadão votante e ao cidadão votado. Este porque vai para o pleito com seu registro *sub judice*. Aquele porque não sabe se o voto computado para seu candidato terá validade ou não.

O candidato com registro pendente de julgamento disputa o pleito normalmente. Os votos são apurados, e o resultado da eleição passa a depender do pronunciamento tardio a respeito do registro de candidatura. Se o registro vier a ser negado em definitivo, os votos são considerados nulos (CASTRO, 2014, p. 378). Esse tipo de decisão macula a confiança do eleitor no processo eleitoral, aumentando seu desinteresse pela participação política.

Para piorar a situação, o tempo de análise dos registros de candidatura foi novamente reduzido pela Lei nº 13.165/15, que determinou que os pedidos de registro podem ser feitos pelos partidos políticos até às 19 horas do dia 15 de agosto do ano das eleições. Contudo o prazo fatal de análise ainda continua sendo o primeiro domingo de outubro, ou seja, tão somente dois meses e algumas semanas (BRASIL, 2015).

O resultado disso pôde ser visto nas eleições de 2014, em que, segundo dados do TSE, 794 possíveis candidatos foram às urnas sem ter a certeza de que o candidato o era verdadeiramente, devido à ausência de decisão final da Justiça Eleitoral quanto ao registro de sua candidatura (CALGARO, 2014).

Para que haja um verdadeiro entendimento de cidadania e empoderamento social, o mínimo que se exige da Justiça Eleitoral é que o cidadão e seu candidato sejam certos no momento do pleito. Várias poderiam ser as ações tomadas pelo TSE para evitar que pedidos de registro de candidatura estivessem *sub judice* no momento da votação. Por exemplo, como os registros de candidatura são requeridos pelos partidos políticos, um prévio exame da documentação já ocorrerá quando desse ato, então por que não há presunção de legitimidade para tal registro, sob as penas legais, sem necessidade de que o magistrado eleitoral realize novo exame, focando apenas naqueles registros alvos de Ação de Impugnação de Registro de Candidatura (AIRC)? Outra opção é a dilação do prazo para análise dos registros de candidatura. Por fim, também seria interessante que a Justiça Eleitoral tivesse corpo próprio de magistrados especializados na área e com funções próprias e dedicação exclusiva.

Assim como se defende um comportamento mais proativo por parte dos outros poderes instituídos da União, da própria sociedade e dos partidos políticos, aqui se propõe uma atuação mais enérgica da Justiça Eleitoral quanto ao empoderamento do cidadão brasileiro. Isso deve ser feito com a manutenção e o aprimoramento das atividades que tal Justiça já vem praticando no exercício de suas funções, além de corrigir as distorções apontadas.

Busca-se uma forma de empoderar o povo brasileiro, como uma sociedade aberta e consciente, conhecedora de seus direitos políticos e, por conseguinte, de seus representantes, tanto em relação à escolha quanto à fiscalização do trabalho deles no Executivo e no parlamento nacionais.

7.5 Novas formas que auxiliam o eleitor no interesse pela vida política e na definição de seu elegível

A primeira forma e a mais eficaz de auxílio ao leitorado brasileiro no que diz respeito a sua participação na seara política é uma mudança radical de mentalidade. É preciso parar de ver o político como único ator da vida pública e passar a identificá-lo como verdadeiro agente social de mudanças.

A CR/88, em seu art. 1º, parágrafo único, é clara ao dispor que todo poder emana do povo; ou seja, a população não é mera destinatária da norma jurídica posta e do sistema político exercido, ela é, na verdade, a principal autora, intérprete, fiscal e questionadora da cena política. É o que se denomina de sociedade aberta dos intérpretes e conhecedores dos direitos políticos nacionais.

Muito mais necessário do que reclamar, é ter o conhecimento necessário para modificar a política nacional. Para tanto, é de fundamental importância que a sociedade seja incentivada pelos próprios grupos sociais, pelos poderes instituídos e pelos partidos políticos, que não só devem influenciar a vida política do cidadão, como também fortalecê-lo para uma escolha consciente de seus representantes.

Atualmente, o Estado brasileiro é proeminentemente um Estado social, com práticas neoliberais que tendenciosamente aumentam e regridem de tempos em tempos. Contudo, não se pode deixar que o Estado se transforme em verdadeiro vassalo a serviço do capital, sem respeito a todas as classes e ideários político-partidários. Se isso acontecer, ocorrerá a perda total do ideário comunitário e da própria caracterização de democracia, tornando-se uma sociedade fria e capitalista, "sem memória de seu passado de lutas pela cidadania, quando foi povo e nação e hoje é, tão-somente, este cadáver que a ideologia dos globalizadores embalsamou [...]. Mas o cadáver há de ressuscitar" (BONAVIDES, 2008, p. 65).

Assim, a população deve despertar para sua participação efetiva no cenário político nacional, assumindo seu papel como verdadeiros autores e atores de mudança, participando mais das discussões político-partidárias, filiando-se a partidos políticos, candidatando-se à vida pública, conhecendo melhor os elegíveis, suas promessas e planos de governo, cobrando-os depois de eleitos, usando todos os recursos que a lei lhe permite para informar seus pares, empoderando toda a sociedade civil nacional, quanto aos seus direitos políticos.

Com efeito, quando a população estiver consciente de seus direitos políticos e humanos, deixará de ser mera massa inconformada de manobras para se tornarem verdadeiros intérpretes da Constituição da República, dos direitos políticos e da vida política nacional. Isso só favorece o regime democrático e a alternância no poder, tão essencial para que haja alternância de ideários e políticas públicas. E o resultado não poderá ser outro, se não o que descreve Paulo Bonavides:

> [...] conjugando justiça, igualdade, democracia, liberdade, fraternidade e pluralismo, o direito social se faz, por conseguinte, a representação valorativa do Estado social no mais subido grau de sua legitimidade e teorização. Hoje Estado social, amanhã direito social. Assim se há de qualificar, na pauta dos regimes políticos, o elemento estruturante mais acabado do poder de cidadania, em sua fórmula de universalidade e expansão dos valores fundamentais da convivência humana (BONAVIDES, 2008, p. 228).

A sociedade brasileira, uma vez intérprete de seus direitos, poderá, com consciência e a qualquer tempo, não só no período eleitoral, examinar a atuação de cada candidato e debater se ela é a melhor para a sociedade; fiscalizar sua campanha eleitoral e, depois, se eleito, sua atuação, denunciando irregularidades; e sempre realizar escolhas condizentes com seus ideários defendidos.

A segunda forma de se alcançar maior interesse do cidadão pela vida política e pela escolha consciente de seus representantes seria o fortalecimento da própria democracia, que se funda no escolhido pela maioria, em respeito às minorias. Para tanto, é necessário que o ideário de maioria não se torne um mecanismo de agregação de interesses corporativos de um grupo, mas que atenda verdadeiramente aos interesses múltiplos de uma sociedade plural, como é a brasileira. No mais, é importante salientar, como faz Celso Fernandes Campilongo, que nenhuma prática antidemocrática é capaz de preencher a regra da maioria, à qual se agrega "um complexo universo de regras que estimula participação e competitividade política, garantindo os direitos das minorias" (CAMPILONGO, 2000, p. 121).

Outra forma de se alcançar maior participação popular na vida pública da nação brasileira e na escolha de seus representantes pode ocorrer, quando já conhecedores de seus direitos e dos ideários políticos de cada candidato, propiciar uma escolha que garanta a alternância de poder, necessária para a "oxigenação" democrática nacional, pois a democracia é complexa. Contudo, com o multipartidarismo exacerbado que se vive hoje no País, o cidadão depara-se com uma série de informações próximas as quais não sabe diferenciar e isso é prejudicial para o processo democrático, pois quanto maior o número de opções a se escolher, maior será a rejeição às diversas possibilidades em detrimento de uma. Sobre o tema ensina Celso Fernandes Campilongo:

> Governar a complexidade (democracia – SIC) significa selecionar e escolher alternativas. Isso produz decepções. Quanto maior o número de opções, maior também a quantidade de propostas discriminadas no momento da decisão. Ou ainda: quanto mais ampla a democratização de sistema político, maior também o número de possibilidades negadas. Em última análise, governabilidade democrática importa em capacidade de tomada de decisões coletivamente vinculantes, num contexto de múltiplas alternativas (CAMPILONGO, 2011, p. 73).

Por fim, e não desprezando outras formas de se alcançar a participação popular no processo eleitoral, há que salientar que, atualmente, a forma mais efetiva de empoderar o cidadão é utilizar-se dos meios de comunicação mais acessíveis pela população. E, em substituição (não definitiva) a jornal e livros escritos, os meios de comunicação que atingem maior parcela social nos dias de hoje são o rádio, a televisão e a rede mundial de computadores.

Assim, seria de fundamental importância que fossem veiculados nesses meios não só propagandas informativas, mas formas de efetiva interatividade social, como redes de debate de ideais e necessidades sociais. O cidadão, a partir de então, estando em um fórum informal e muitas vezes virtual, tem maior conforto em expor seus ideários e discutir com os demais qual é a melhor proposta apresentada e por qual candidato. Ter-se-ia, assim, uma sociedade que realmente participa de forma coletiva da escolha de seus candidatos.

Sobre o tema, elucidam os professores Luis Felipe Miguel e Flávia Biroli que:

> [...] os meios (de comunicação - SIC) convencionais continuam como os grandes centros produtores de informação. Eles agora incluem os portais de Internet [...] [que] ampliam, potencialmente, a consolidação de redes alternativas de comunicação e de atuação política (MIGUEL; BIROLI, 2011).

As novas mídias sociais fazem parte do dia a dia da população, dos mais novos aos mais velhos, devendo ser utilizadas como forma de se alcançar uma sociedade aberta de intérpretes cidadãos. Elas se revelam meios eficazes para fóruns de engajamento, empoderamento e debate de ideias.

Sobre o tema, salienta a Dra. Maria Augusta Ferreira da Silva Castanho:

> Afinal, o que a democracia exige da representação é a manutenção da ligação entre as decisões políticas e as preferências dos representados, por meio de mecanismos institucionais que promovam a integração social. A sociedade civil precisa participar do debate sobre o processo de democratização das instituições representativas, e pode fazê-lo a partir das novas mídias disponibilizadas pela internet, que se impõe para o fortalecimento da cidadania (CASTANHO, 2014, p. 230).

O que se pretende dimensionar é que o cidadão é capaz de fazer suas escolhas baseadas em decisões pensadas e racionalizadas em conjunto, e que sua participação, na sociedade e na vida política, depende, predominantemente, de sua atuação proativa como verdadeiro corpo social que é.

A sociedade brasileira é plural, assim como seus ideários políticos. Contudo a vida social e política é tarefa única de toda a comunidade nacional, titular do poder soberano (art. 1º, parágrafo único, CR/88).

Uma vez conscientes dos seus direitos fundamentais, principalmente dos seus direitos políticos, os debates democráticos se tornam inevitáveis em uma sociedade livre, aberta e racional de intérpretes da Constituição da República de 1988. Dessa forma, o resultado só pode ser o fortalecimento do pacto democrático e uma escolha verdadeiramente participativa dos representantes populares brasileiros.

Tendo a sociedade representantes que se importam com seu fortalecimento por meio de seu empoderamento, poder-se-á afirmar que haverá uma produção legislativa voltada a atender uma sociedade plural, que resultará em um refinamento interpretativo do direito por toda a sociedade.

Isso, para Peter Häberle, significaria condições básicas para assegurar a pretendida legitimação da jurisdição constitucional no contexto de uma teoria de democracia (HÄBERLE, 2002, p. 49).

8
A DEFINIÇÃO DOS CANDIDATOS AO PLEITO E O REAL INTERESSE DO ELEITOR EM SUA PARTICIPAÇÃO

O empoderamento do eleitor é apenas um dos pontos relevantes para o caminho do voto consciente. Não só conhecer seus direitos é fundamental para a democracia. É necessária participação no pleito, seja na figura de eleitor, seja na de candidato.

Votar de forma consciente é estar interessado e munido de informações, desde o ato de filiação partidária até a diplomação dos eleitos. O voto consciente, em sua plenitude, só é acessível quando se confia no processo eleitoral. Compreende-se que tal processo é muito mais que uma sequência de atos estabelecidos na legislação eleitoral. Ele é de fundamental importância para a expressão plural dos movimentos políticos. Nele é que se podem discutir os mais diferentes ideais sobre o futuro do País.

Para André Ramos Tavares, o processo eleitoral deve ser compreendido como processo germinal da aferição e legitimação do poder, eis que sua atuação visa legitimar o ideário constitucional da soberania popular (TAVARES, 2016, p. 17).

A democracia não é somente a vitória da maioria, mas também o respeito às minorias. O processo eleitoral é essencial para a democracia brasileira, seja como elemento de fortalecimento social ou apenas como ato legitimador de uma necessária alternância de poder.

Sempre que há atuação da Justiça Eleitoral na função judicante ou ainda nas funções normativa ou consultiva, há um processo eleitoral. As eleições em si são apenas um procedimento dentro desse grande processo, que, na verdade, é o caminho para o exercício da cidadania nacional.

Como todo processo judicante ou administrativo no Brasil, o eleitoral é cercado de garantias constitucionais. A CR/88, em seu art. 5º, enumera uma série de garantias processuais resguardadas ao cidadão brasileiro. Em sua maioria, tornaram-se princípios processuais, como os elencados no capítulo 3 desta obra.

Desse modo, a todo participante do processo eleitoral é assegurada uma atuação pautada em garantias ou princípios fundamentais. Contudo, esse arcabouço de direitos não pode servir de desculpa para a atuação lenta do Poder Judiciário. Nesse sentido, todo processo deve ter uma duração razoável, na Justiça comum e na especializada. Na Justiça Eleitoral, a demora na prestação jurisdicional causa insegurança ao jurisdicionado e ao terceiro interessado, que, no caso, representa a coletividade, o eleitorado.

Como já dito, o processo eleitoral tem por objeto os direitos políticos, ou seja, uma série de garantias asseguradas ao cidadão brasileiro relativas ao direito de cidadania. Um dos maiores direitos é o de sufrágio, que se exterioriza, principalmente, por meio do voto. Votar e ser votado é mais que uma escolha, é um ato de civilidade capaz de mudar os rumos da República.

Em suma, o processo eleitoral é o instrumento equilibrador da democracia representativa nacional. Assim o sendo, num processo que não tenha duração razoável, danos imensuráveis ao votante e ao votado são inevitáveis.

Acerca da fundamental importância do processo eleitoral para a democracia e para a sociedade brasileira, o TSE manifestou-se no seguinte sentido:

> O pleno exercício de direitos políticos por seus titulares (eleitores, candidatos e partidos) é assegurado pela Constituição por meio de um sistema de normas que conformam o que se poderia denominar de devido processo legal eleitoral. Na medida em que estabelecem as garantias fundamentais para a efetividade dos direitos políticos, essas regras também compõem o rol das normas denominadas cláusulas pétreas e, por isso, estão imunes a qualquer reforma que vise a aboli-las (BRASIL, 2015).

Adicionando-se ao princípio da celeridade e do devido processo legal tem-se a necessidade de que o processo eleitoral seja instrumento de segurança jurídica. O eleitorado pátrio não pode nem deve depositar sua confiança em uma candidatura *sub judice*.

Denomina-se candidatura *sub judice* aquela na qual o eleitor votado pode praticar todos os atos referentes à sua campanha eleitoral e votação, mas que não sabe se seu registro de candidatura será ou não deferido ao final pela Justiça Eleitoral.

Dessa forma, a Justiça Eleitoral deveria analisar todos os registros de candidatura no prazo estabelecido na lei eleitoral. Porquanto a definição de quais candidatos são elegíveis é de interesse de toda a população, eis que o processo de votação objetiva a escolha dos representantes do eleitor para os poderes instituídos.

Um dos maiores danos que se pode causar ao cidadão é a indefinição. Como votar em alguém que pode ter seu registro negado? Qual seria o valor desse voto? Tudo isso só vem a afastar o cidadão da política, do exercício do direito de votar e da própria ideia de participação popular na vida social.

Certo é que o número de eleitores brasileiros cresceu nos últimos 16 anos. De acordo com o TSE, o eleitorado nacional aumentou, de outubro de 2000 até abril de 2016, 32,108%, passando de, aproximadamente, 110 milhões de eleitores para 145 milhões (BRASIL, 2016). Contudo, o desinteresse do eleitor pelo pleito já pode ser denotado, como demonstram os números a seguir.

Segundo dados do TSE, o número de eleitores faltosos vem aumentando com os anos. Em 2005, 0.926% do eleitorado brasileiro teve a possibilidade de cancelamento do seu título de eleitor por ser faltoso. Já em 2015, esse percentual passou a ser de 1,247%. Isso representa 1.782.034 (um milhão setecentos e oitenta e dois mil e trinta e quatro) eleitores (BRASIL, 2016).

Ainda corroborando a tese, o número de justificativas também cresceu. No primeiro turno de votação em 2002, ocorreram, aproximadamente, 5,7 milhões de abstenções. Já em 2014, esse número saltou para 8,2 milhões. O mais assombrador é que muitas delas tiveram como fito evitar o exercício do voto. Ou seja, o eleitor já não vê legitimidade em seu voto. Não se esforça para depositá-lo; prefere a justificativa (BRASIL, 2016).

Avolumando-se conteúdo, há que se destacar que o número de votos nulos registrados nas eleições brasileiras ainda é alto. No pleito geral de 1994, para o cargo de presidente da República, somaram-se, aproximadamente 7,5 milhões de votos nulos (BRASIL, 1994). Já nas últimas eleições, de 2014, esse total foi cerca de 6,7 milhões (1º turno) e 5,2 milhões (2º turno) de votos (BRASIL, 2014). Tais números denotam certa desconfiança dos brasileiros com todas as propostas de campanha apresentadas.

Em complementação à falta de interesse do cidadão em votar, há pouco interesse em se filiar aos partidos políticos. No ano de 2002, o total de cidadãos filiados a algum partido era de menos de 10% do total de votantes; isso representa quase 11 milhões de brasileiros. Já em 2016, esse número subiu para 16,5 milhões de cidadãos, pouco mais de 12% do eleitorado nacional (BRASIL, 2016)[1].

Em 16 anos, o número de eleitores cresceu mais de 35 milhões, já o do filiados, pouco mais de 5 milhões. Esse contraste sugere o afastamento do povo da vida pública. A falta de interesse pela vida política, como já dito, enfraquece a democracia.

Assentadas tais premissas, passa-se a demonstrar como a demora no deferimento do registro de candidatura pode ser um dos fatores de descrédito do cidadão no processo eleitoral nacional. A indefinição causa insegurança jurídica no eleitorado, que, por sua vez, limita sua participação política ao voto, que no Brasil é obrigatório.

8.1 Possíveis causas para o indeferimento extemporâneo do registro de candidatura

Como já demonstrado nos capítulos anteriores, a Justiça Eleitoral tem como dever primordial a organização do pleito eleitoral e, por tal razão, exerce papel relevante na sociedade brasileira.

O constituinte de 1988, seguindo o que já se observara desde a criação da Justiça Eleitoral na Primeira República, entendeu não ser necessário para tais órgãos a exigência de um corpo próprio de magistrados, o que, segundo se defende nesta obra, denota um retrocesso, pois as demais justiças especializadas (militar e trabalhista) possuem corpo próprio e especializado de juízes federais.

Os arts. 122 a 124 da CR/88 dispõem sobre a estruturação mínima da Justiça Militar, que será composta por magistrados de notório saber na área e com corpo magistral próprio, vantagem que a Justiça Eleitoral não tem. Igualmente, a Justiça do Trabalho também tem corpo próprio de juízes de carreira e com notório saber na área, como preceituam os art. 111 a 117 da CR/88.

---

1 Dados disponíveis em: <http://www.tse.jus.br/eleitor/estatisticas-de-eleitorado/filiados>. Acesso em: 18 mai. 2016.

Enquanto isso, a Justiça Eleitoral persiste em "tomar emprestado" magistrados pertencentes a outros tribunais. O resultado é o acúmulo de tarefas para uma só pessoa. É de notório conhecimento que atualmente a Justiça comum (federal e estadual) tem um número exacerbado de processos para um contingente pequeno de magistrados. Então, dar-lhes mais uma tarefa, a eleitoral, só os fazem ter mais trabalho do que já possuem. Assim, pode-se concluir que o excesso de trabalho para um corpo "emprestado" de magistrados constitui um fator relevante a justificar a concessão extemporânea de registros de candidatura.

Ainda decorrente desse problema surge insegurança jurídica advinda da alternância de entendimentos jurisprudenciais. Tal fato se explica pela grande rotatividade dos magistrados eleitorais, com mandatos de apenas dois anos, prorrogáveis por mais dois.

Outro problema crucial é o prazo para a análise de todos os pedidos de registro de candidatura, que foi reduzido para as eleições de 2016.

O texto anterior da Lei nº 9.504/97 previa em seu art. 11 que os partidos políticos tinham até o dia 5 de julho do ano do pleito para requerer o registro da candidatura. A Lei nº 13.165/15 (minirreforma eleitoral) estendeu esse prazo para o dia 15 de agosto. No entanto, a data da eleição continuou a mesma, isto é, primeiro domingo do mês de outubro, conforme previsto no § 1º, do art. 16, da referida lei. Assim, tem-se um prazo de menos de um mês para que todos os registros de candidaturas sejam analisados.

Um terceiro fator que influencia a demora da prestação jurisdicional é que, muito embora a quantidade relativa de filiados partidários seja tímida, a multiplicação de novos partidos contribui para um número maior de candidaturas. De acordo com o TSE, o número de pedidos de candidaturas nas eleições de 2014 foi de 26.163, enquanto no pleito de 1994 foi de apenas 11.344 (BRASIL, 1994, 2014).

Outro problema enfrentado pela Justiça Eleitoral guarda relação com a complexidade de documentos apresentados para o registro de candidatura. Não é rara a possibilidade de algum pretenso candidato estar respondendo, ou ter respondido, a algum processo na Justiça comum. Além disso, a LC nº 135/10 (Lei da Ficha Limpa) trouxe uma série de novas inelegibilidades que, segundo o TSE, devem ser analisadas no momento de deferimento do registro de candidatura[2] [3]. Assim, a tarefa do juiz eleitoral só torna mais melindrosa e detalhada.

Além de analisar as condições de elegibilidade, o magistrado precisa verificar se o candidato não incide em alguma das causas de inelegibilidade, o que recai na interpretação do teor de outras decisões judiciais que podem ter comprometido a elegibilidade do pretenso candidato. Em outras palavras, somente no momento do registro da candidatura que o pretenso elegível tem um pronunciamento judicial a respeito de sua vida pregressa.

Algumas causas de inelegibilidade são de fácil verificação, como é o caso da hipótese da alínea "j" do art. 1º, inc. I, da LC nº 64/90[4], que considera inelegíveis aqueles que forem condenados, em decisão transitada em julgado ou proferida por órgão colegiado da Justiça Eleitoral, por corrupção eleitoral, captação ilícita de sufrágio, doação, captação ou gastos ilícitos de recursos de campanha ou por conduta vedada aos agentes públicos em campanhas eleitorais que impliquem cassação do registro ou do diploma. Nesse caso, basta apresentar um acórdão em que houver esse tipo de condenação, que o envolvido estará inelegível.

---

2 Seguindo o voto da relatora Nancy Andrighi, o TSE confirmou o posicionamento já utilizado em diversos TREs quanto à aplicação imediata da Lei da Ficha Limpa, ainda que para fatos pretéritos. E, além disso, que o momento para se analisar as novas causas de inelegibilidade é na hora do deferimento do registro de candidatura: "[...] as novas disposições introduzidas pela LC nº 135/2010 incidem de imediato sobre as hipóteses nela contempladas, ainda que o fato seja anterior à sua entrada em vigor, pois as causas de inelegibilidade devem ser aferidas no momento da formalização do pedido de registro da candidatura" (BRASIL, 2013).

3 Muito se exalta a Lei da Ficha Limpa, mas o que se deve perceber é que ela não veio só para proteger a moralidade administrativa, mas também para assegurar um exercício do direito de sufrágio, garantindo ao cidadão que seus representantes verdadeiramente devem o ser. Sobre o tema, o TSE vem decidindo que "[...] se, por um lado, as disposições da LC nº 135/2010 visaram a proteger a probidade administrativa, a moralidade para o exercício do mandato - considerada a vida pregressa do candidato - e a normalidade e legitimidade das eleições contra o abuso do poder político e econômico, conforme disposto no art. 14, § 9º, da Constituição da República, não menos certo é que se deve, também, dar primazia à elegibilidade de cidadãos, assegurando-se direitos políticos igualmente previstos no texto constitucional [...]" (BRASIL, 2012).

4 "Art. 1º São inelegíveis I - para qualquer cargo: j) os que forem condenados, em decisão transitada em julgado ou proferida por órgão colegiado da Justiça Eleitoral, por corrupção eleitoral, por captação ilícita de sufrágio, por doação, captação ou gastos ilícitos de recursos de campanha ou por conduta vedada aos agentes públicos em campanhas eleitorais que impliquem cassação do registro ou do diploma, pelo prazo de 8 (oito) anos a contar da eleição" (BRASIL, 1990).

Outras situações são bem mais complexas. Cite-se, por exemplo, a hipótese da alínea "g" do art. 1º, inc. I, da LC nº 64/90[5]. Segundo o mencionado dispositivo, são inelegíveis os que tiverem suas contas relativas ao exercício de cargos ou funções públicas rejeitadas por irregularidade insanável que configure ato doloso de improbidade administrativa.

As decisões que julgam as contas, em regra, não consignam se os motivos da reprovação representam hipótese de "irregularidade insanável que configure ato doloso de improbidade administrativa". Cabe ao Juiz Eleitoral, no exíguo tempo de julgamento dos pedidos de registro de candidatura, fazer esse tipo de verificação, o que, além de subjetivo leva às mais diversas interpretações sobre o tema.

O TSE já entendeu que não é de sua competência analisar o que o tribunal de origem (da Justiça comum ou dos Tribunais de Contas) não o fez, sob risco de invasão de competência[6]. Independentemente disso, para analisar o pedido de registro de candidatura, o juiz eleitoral, obrigatoriamente, deve informar em sua sentença se tal julgado faz com que o pretenso candidato incida naquela hipótese de inelegibilidade listada na Lei da Ficha Limpa. Em outras palavras, se o fato que gerou a reprovação das contas constitui irregularidade insanável característica de ato doloso de improbidade.

Ora, considerando que o prazo é exíguo e que as hipóteses de inelegibilidades criadas pela Lei da Ficha Limpa são múltiplas, deixar para aferir essas causas somente no exíguo prazo entre a data do pedido de registro e o dia de votação torna a tarefa da Justiça Eleitoral ainda mais complicada.

---

[5] "Art. 1º São inelegíveis:I - para qualquer cargo: g) os que tiverem suas contas relativas ao exercício de cargos ou funções públicas rejeitadas por irregularidade insanável que configure ato doloso de improbidade administrativa, e por decisão irrecorrível do órgão competente, salvo se esta houver sido suspensa ou anulada pelo Poder Judiciário, para as eleições que se realizarem nos 8 (oito) anos seguintes, contados a partir da data da decisão, aplicando-se o disposto no inciso II do art. 71 da Constituição da República, a todos os ordenadores de despesa, sem exclusão de mandatários que houverem agido nessa condição; (Redação dada pela Lei Complementar nº 135, de 2010)" (BRASIL, 1990).

[6] No julgamento do RO nº 100.003/BA, a eminente relatora muito bem salientou que não era de competência do TSE dispor sobre tema obscuro pelo Tribunal de Contas, sob pena de violação à competência daquele órgão: "[...] considerando que o Tribunal de Contas analisou as contas do Prefeito como contas de governo, não cabe à Justiça Eleitoral alterar a sua natureza, que lhe foi atribuída pelo órgão competente, ainda que no curso da análise se tenha feito referências a atos de gestão [...]" (BRASIL, 2016).

8.2 Indeferimento extemporâneo de registro de candidatura e o prejuízo para as eleições

O indeferimento do registro de candidatura após o prazo final concedido pela lei é prejudicial para todos os envolvidos na eleição.

O primeiro prejudicado é o candidato, que investiu tempo e recursos financeiros para a campanha eleitoral e que em eventual indeferimento percebe que seus esforços foram em vão.

Muito embora a Lei nº 9.504/97 permita que o candidato concorra sob sua conta e risco enquanto o pedido de registro de candidatura é analisado[7], o pronunciamento judicial célere a respeito da elegibilidade diminuiria a exposição desnecessária de candidaturas que não preenchem os requisitos legais.

O segundo a ser prejudicado é o eleitor, que confiou na campanha do candidato que teve seu registro indeferido fora do prazo. Tal indecisão não só prejudica a democracia nacional, como também evita que o eleitor vote conscientemente e tendo a certeza quanto à situação de seu candidato.

O terceiro prejudicado é o partido político, que corre o risco de ficar sem uma das figuras mais representativas da instituição. Além disso, o partido pode perder o prazo de substituição do candidato, quando a decisão do registro é tardia.

Por fim, e não menos importante, a Justiça Eleitoral também é prejudicada por esse indeferimento extemporâneo. Além de perder prestígio com a comunidade, há dispêndio de dinheiro para fiscalizar a campanha do candidato. Como se isso não bastasse, há ainda situações em que é necessária a repetição do pleito eleitoral, o que certamente representa um alto custo ao erário.

O candidato que realizou toda a sua campanha com registro *sub judice* sempre tem incerteza quanto à sua candidatura. Tal situação o deixa em uma zona cinzenta de desrespeito a seu direito passivo de sufrágio.

Como exemplo, citam-se as últimas eleições gerais de 2014 no Brasil, quando vários candidatos ao cargo de deputado federal foram às urnas com seus registros *sub judice* e ao fim tiveram sua candidatura indeferida após o pleito. Resultado: milhares de eleitores tiveram seus votos desperdiçados por

---

[7] Art. 16-A. O candidato cujo registro esteja *sub judice* poderá efetuar todos os atos relativos à campanha eleitoral, inclusive utilizar o horário eleitoral gratuito no rádio e na televisão e ter seu nome mantido na urna eletrônica enquanto estiver sob essa condição, ficando a validade dos votos a ele atribuídos condicionada ao deferimento de seu registro por instância superior.

votarem em candidato com registro indeferido após a realização do pleito.Isso é algo inadmissível em uma democracia representativa, como é a brasileira, contribuindo para a falta de credibilidade do eleitor com a Justiça Eleitoral nacional.

Poder-se-ia cogitar que o art. 13 da LE autoriza a troca de candidato inabilitado para as eleições. Contudo, esse procedimento apresenta grandes falhas. Primeiro, alguns registros somente são indeferidos após as eleições, o que fulmina tal hipótese. Segundo, mesmo que se possa trocar os candidatos inabilitados por outros antes do pleito, não haveria tempo hábil para uma campanha partidária adequada à sua apresentação ao eleitorado, em paridade com os demais candidatos.

Como afirmado anteriormente, o art. 16-A da LE concede ao cidadão com candidatura *sub judice* o direito de participar da campanha política. Contudo, isso não é razoável, por três razões. Uma, porque, como se salientou, sua imagem torna-se vexatória e objeto de difamação para seus opositores. Duas, porque lhe inviabiliza a conquista do apoio político do partido ou da coligação pretendida. Três, porque sua arrecadação para fundos de campanha reduz-se drasticamente.

Isso denota verdadeiro descompasso com a proteção constitucional do cidadão, quanto ao exercício livre de seu direito de participação na vida política do País. Sobre o tema ressalva-se decisão do TSE:

> [...] Por outro lado, lembro que a condição *sub judice* do candidato, por ter sido indeferido o seu pedido de registro, não lhe assegura – nem ao partido, nem à coligação – a validade dos votos que lhe sejam atribuídos, como preceitua o parágrafo único do citado art. 16-A da Lei n° 9.504/97, muito menos lhe garante a diplomação (Consulta n° 1.657).
>
> Não se pode - com base na nova redação do art. 15 da Lei Complementar nº 64/90, dada pela Lei Complementar nº 135/2010 - concluir pela possibilidade de cancelamento imediato da candidatura, com a proibição de realização de todos os atos de propaganda eleitoral, em virtude de decisão por órgão colegiado no processo de registro, sobretudo porque, caso sejam adotadas tais medidas, evidentemente as candidaturas estarão inviabilizadas, quer em decorrência do manifesto prejuízo à campanha eleitoral, quer pela retirada do nome do candidato da urna eletrônica. (Reclamação nº 87629, Acórdão, Relator(a) Min. Arnaldo Versiani Leite Soares, Publicação: PSESS - Publicado em Sessão, Data 04/10/2012).

Quer-se demonstrar que a insegurança jurídica gerada pela demora de deferimento final do registro de candidatura, pela Justiça Eleitoral, causa prejuízos drásticos ao cidadão com candidatura deferida *sub judice*. Ou seja, um pronunciamento final extemporâneo por parte da Justiça vai no caminho inverso ao que tais órgãos buscam, que é o voto livre e consciente. O resultado não pode ser outro, se não o descrédito para com a Justiça Eleitoral, quanto à sua precípua função de administração do processo democrático mais importante da nação brasileira.

Disso se conclui que o registro de candidatura intempestivo causa demasiado prejuízo para o eleitor, para o partido/coligação e para a própria Justiça Eleitoral. Ao cidadão porque terá que votar novamente e passa a desacreditar na democracia representativa. O partido/coligação porque terá que realizar novas campanhas eleitorais. E à Justiça Eleitoral porque terá que realizar novas eleições a suas expensas. Ou seja, o erário será ainda mais onerado devido à atuação intempestiva do Judiciário Eleitoral, que agora conta com tempo ainda mais reduzido para análise dos pedidos de candidatura.

8.3 Anulação das eleições majoritárias ante o indeferimento tardio de registro de candidatura

Exemplo prático de como a demora na prestação jurisdicional resulta em prejuízo para as eleições é a hipótese de indeferimento tardio de registro de candidato concorrente ao pleito majoritário. O eventual indeferimento pós-pleito de registro de candidato vencedor do certame resultará na anulação da eleição e na renovação de todos os atos desde as convenções partidárias.

Anteriormente à Lei nº 13.165/15, que modificou o Código Eleitoral, o entendimento majoritário do TSE era de que novas eleições suplementares somente seriam possíveis se mais de 50% dos votos fossem anulados. Conforme precedente a seguir:

> MANDADO DE SEGURANÇA. ELEIÇÕES 2012. PREFEITO. REGISTRO DE CANDIDATURA INDEFERIDO. NULIDADE DE MAIS DE 50% DOS VOTOS VÁLIDOS. REALIZAÇÃO DE NOVA ELEIÇÃO. ART. 224 DO CÓDIGO ELEITORAL. SEGURANÇA DENEGADA. 1. CONSOANTE O ENTENDIMENTO
>
> DESTE TRIBUNAL, PARA FINS DE APLICAÇÃO DO ART. 224 DO CE, A VALIDADE DA VOTAÇÃO DEVE SER AFERIDA LEVANDO-SE EM CONSIDERAÇÃO O PERCENTUAL DE VOTOS DADOS A TODOS OS CANDIDATOS PARTICIPANTES DO PLEITO, EXCLUINDO-SE SOMENTE OS VOTOS BRANCOS E OS VOTOS

> NULOS DECORRENTES DE MANIFESTAÇÃO APOLÍTICA DO ELEITORADO. PRECEDENTES.
>
> 2. NA ESPÉCIE, É INCONTROVERSO QUE O CANDIDATO MÁRCIO CÉSARE RODRIGUES MARIANO " QUE TEVE SEU REGISTRO INDEFERIDO EM TODOS OS GRAUS DE JURISDIÇÃO (RESPE 352-57, DE MINHA RELATORIA) " OBTEVE MAIS DA METADE DOS VOTOS NA REFERIDA ELEIÇÃO, EXCETUADOS OS BRANCOS E OS NULOS DECORRENTES DE MANIFESTAÇÃO APOLÍTICA DO ELEITORADO. CONSEQUENTEMENTE, IMPÕE-SE A REALIZAÇÃO DE PLEITO SUPLEMENTAR NO REFERIDO MUNICÍPIO, A TEOR DO ART. 224 DO CE. (MANDADO DE SEGURANÇA Nº 4896, ACÓRDÃO, RELATOR(A) MIN. FÁTIMA NANCY ANDRIGHI, PUBLICAÇÃO: DJE - DIÁRIO DE JUSTIÇA ELETRÔNICO, 20/05/2013)

Contudo, a nova redação dada ao art. 224, §§ 3º e 4º, do Código Eleitoral é a seguinte:

> [...]
>
> § 3º A decisão da Justiça Eleitoral que importe o indeferimento do registro, a cassação do diploma ou a perda do mandato de candidato eleito em pleito majoritário acarreta, após o trânsito em julgado, a realização de novas eleições, independentemente do número de votos anulados.
>
> § 4º A eleição a que se refere o § 3º correrá a expensas da Justiça Eleitoral e será:
>
> I – indireta, se a vacância do cargo ocorrer a menos de seis meses do final do mandato;
>
> II – direta, nos demais casos (BRASIL, 1965).

Sobre o tema, o STF julgou em março de 2018 a ADI 5525 na qual declarou inconstitucionalidade da expressão "após o trânsito em julgado", prevista no parágrafo 3º do artigo 224 do Código Eleitoral, e conferiram interpretação conforme à Constituição ao parágrafo 4º do mesmo artigo a fim de afastar da incidência situações de vacância nos cargos de presidente e vice-presidente da República e de senador.

Na mesma data foi julgada a ADI 5619 na qual o Partido Social Democrático (PSD) solicitava a não incidência das regras introduzidas pelos parágrafos 3º e 4º nas eleições em municípios com menos de 200 mil habitantes e também para Senador da República.

No aludido julgamento o STF definiu ser constitucional legislação federal que estabeleça novas eleições para os cargos majoritários simples - isto é, Prefeitos de Municípios com menos de duzentos mil eleitores e Senadores da República - em casos de vacância por causas eleitorais.

Até a alteração do Código em 2015, não havia certeza expressa a respeito de quem deveria arcar com os custos de uma eleição suplementar: se era o candidato que ganhou as eleições, mas que teve registro indeferido, ou a própria Justiça Eleitoral.

Em respeito às garantias constitucionais eleitorais, o legislador nacional teve sensibilidade em enxergar a falha na prestação tempestiva da Justiça Eleitoral e lhe impôs tal ônus. Assim se evita mais um prejuízo ao candidato que tem sua candidatura *sub judice*, além dos demais males já listados.

Todavia, o Min. Roberto Barroso, relator da ADI 5619 aceitou sugestão do ministro Dias Toffoli para que conste do referido julgamento a observação de que se continue o procedimento da cobrança judicial pela Advocacia-Geral da União do prejuízo motivado por aquele que deu causa à necessidade de realização de nova eleição.

Como visto, o indeferimento tardio gera custos ao erário, aos partidos políticos e aos candidatos, pois o pleito precisará ser renovado.

O cidadão terá que votar novamente e certamente ficará ainda mais desacreditado na democracia representativa. O partido/coligação terá que realizar novas campanhas eleitorais e a Justiça Eleitoral custeará a renovação do pleito às suas expensas. Ou seja, o erário será ainda mais onerado devido a uma atuação tardia do Poder Judiciário, que agora conta com tempo ainda mais reduzido para análise dos pedidos de candidatura.

8.4 Aproveitamento indevido da votação de candidato proporcional inelegível

Outra situação que representa real deformação no ideário republicano do direito ao sufrágio é o indeferimento tardio de candidatura proporcional que, conforme mais recente jurisprudência e normas eleitorais, anula os votos do candidato, mas aproveita votação obtida para fins de cômputo do quociente eleitoral e partidário.

O partido ou a coligação, confiando no registro de candidatura, ainda que deferido *sub judice*, corre o riso de obter a vaga daquele parlamentar eleito legitimamente.

O candidato a cargo do sistema proporcional, que na data da eleição estiver com seu pedido de registro deferido, porém *sub judice*, terá sua votação aproveitada para fins dos quocientes eleitoral e partidário, ainda que decisão posterior ao pleito eleitoral venha declarar sua inelegibilidade[8].

Dispõe o art. 16-A, parágrafo único, da LE que "o cômputo, para o respectivo partido ou coligação, dos votos atribuídos ao candidato cujo registro esteja *sub judice* no dia da eleição fica condicionado ao deferimento do registro do candidato" (BRASIL, 1997).

Sobre o tema, José Jairo Gomes salienta que:

> É preciso convir, porém, ser duvidosa a constitucionalidade dessa interpretação porque além de fulminar voto dado regulamente pelo eleitor a partido, fere o sistema proporcional previsto na Lei maior. Não se pode ignorar que antes do dia do pleito o candidato teve seu pedido de registro deferido por ato formal de órgão da Justiça Eleitoral (tanto que concorreu com registro), que esse ato irradia regulares efeitos jurídicos e que os eleitores ao optarem por ele e seu partido ou coligação fizeram uma escolha consciente e válida – observe-se que os dois primeiros números que compõem a identificação numérica do candidato à eleição proporcional correspondem ao número do partido. Mas ainda que se considere a questão sob a ótica da nulidade absoluta e total dos votos (como fez

---

8 Vale ressaltar que anteriormente à Lei nº 12.034/09, que acrescentou o parágrafo único ao art. 16-A da LE, o entendimento da legislação eleitoral era mais coerente. Contudo o legislador pátrio veio a retroceder. O art. 175, §§3º e 4º, do Código Eleitoral dispõem, respectivamente que "serão nulos, para todos os efeitos, os votos dados a candidatos inelegíveis ou não registrados"; e "*o disposto no parágrafo anterior não se aplica quando a decisão de inelegibilidade ou de cancelamento de registro for proferida após a realização da eleição a que concorreu o candidato alcançado pela sentença, caso em que os votos serão contados para o partido pelo qual tiver sido feito o seu registro*". Ou seja, o que era mais justo para a coligação era o que ocorria antes da reforma demonstrada pelo art. 16-A. Contudo, o TSE, revendo seu posicionamento anterior, decidiu em sede de Agravo Regimental em Recurso Especial Eleitoral nº 74.918/RS que "[...] os votos obtidos por candidato, cujo registro encontrava-se deferido na data do pleito eleitoral, não são anulados, mas contados a favor da legenda pela qual o parlamentar posteriormente cassado se candidatou, por força do disposto no art. 175, § 40, do Código Eleitoral" e mais que "[...] a norma constante do art. 16-A, parágrafo único, da Lei nº 9.504/97, introduzido, pela Lei nº 12.034109, não afastou a aplicação do art. 175, § 4º, do Código Eleitoral [...]" (BRASIL, 2014, grifos acrescidos). No mesmo sentido foi o art. 145, § 1º, da Res. nº 23.456/15 do TSE, que dispôs que "a validade dos votos descritos nos incisos II e Ill ficará condicionada ao deferimento do registro, inclusive para o cômputo para o respectivo partido ou coligação (Lei no 9.504/97, art. 16-A, *caput e* parágrafo único)" (BRASIL, 2015). Contudo o assunto ainda é inconstante na jurisprudência do tribunal superior, causando uma verdadeira insegurança jurídica.

> a aludida decisão (SIC - MS 139453/CE)[9], é induvidoso, conforme já ressaltado, que o ato nulo pode gerar efeitos (GOMES, 2015, p. 513-514).

Discorda-se do renomado autor. Os votos dados a candidato inelegível não podem gerar efeito no resultado do pleito. Trata-se de situação em que candidato inelegível concorrente ao pleito proporcional interfere no resultado do pleito, pois a análise tardia de seu registro de candidatura culmina no aproveitamento - indevido - de sua votação para o cálculo do quociente eleitoral e partidário, podendo assumir a vaga de candidato legitimamente eleito.

Entende-se, portanto, que o mais condizente com a proteção constitucional dos direitos políticos é a análise tempestiva dos registros de candidaturas pela Justiça Eleitoral.

8.5 A definição dos candidatos ao pleito e o real interesse em sua participação

Como demonstrado, a análise tempestiva do pedido de registro de candidatura é necessária para que o eleitor tenha a tranquilidade de saber se os nomes inseridos nas urnas eletrônicas realmente estão habilitados para o cargo em disputa.

A prestação jurisdicional eficiente é aquela que é célere, mas também respeita o princípio do devido processo legal. O processo é meio de participação popular e não fim em si mesmo. O mínimo que todos esperam é que os gastos de campanha possam ser feitos com a certeza de que o destinatário do voto é elegível.

A disputa pelo voto com o pedido de registro de candidatura pendente esvazia o processo democrático do sufrágio universal.

A democracia brasileira e a soberania popular nacional exigem uma atuação célere e com segurança jurídica por parte do Judiciário Eleitoral brasileiro. O cidadão só confia na Justiça quando ela é segura.

---

9 Nota do autor: EMENTA: MANDADO DE SEGURANÇA. ELEIÇÃO PROPORCIONAL. 2010. CÔMPUTO DOS VOTOS. ART. 16-A DA LEI Nº 9.504/97. DENEGAÇÃO DA ORDEM. 1. O cômputo dos votos atribuídos a candidatos cujos registros estejam *sub judice* no dia da eleição ao respectivo partido político fica condicionado ao deferimento desses registros, nos termos do art. 16-A da Lei nº 9.504/97. Precedentes. 2. Segurança denegada. (TSE, MS - Mandado de Segurança nº 139453/CE; Acórdão de 5/6/2012; Relator(a) Min. Marco Aurélio Mendes de Farias Mello; Relator(a) designado(a) Min. José Antônio Dias Toffoli; DJE - DJE 21/9/2012).

9
CONSIDERAÇÕES FINAIS

A pesquisa aqui apresentada não teve a pretensão de esgotar o debate sobre a cultura democrática de participação popular na construção política, menos ainda de oferecer um manual pronto para ser utilizado pela Justiça Eleitoral na busca do voto consciente.

Em verdade, diante das múltiplas razões que colocam em questionamento a democracia representativa brasileira, fez-se um corte epistemológico objetivando limitar o estudo aos reflexos advindos da prestação jurisdicional no que concerne ao pedido de registro de candidatura. De forma mais específica, buscou-se pesquisar se a demora da definição dos candidatos elegíveis contribui para o agravamento da crise de identificação política que atravessa o País.

Objetivando contextualizar o tema, demonstrou-se, mediante rápida digressão histórica, como transcorreu, no Brasil, a conquista do direito ao sufrágio.

A soberania é um dos princípios fundamentais do Estado Democrático de Direito e uma de suas formas de materialização é a iniciativa popular de escolha de seus representantes políticos. A história do Brasil mostra que se viveram períodos de exceção e de impossibilidade de participação popular.

Verificou-se que, inicialmente, a concessão do direito ao voto – direitos políticos – visava atender aos interesses dos detentores do poder, objetivando a manutenção do sistema eleitoral, historicamente confuso, corrupto e, em diversos momentos, indiretos. A criação da Justiça Eleitoral representou o início da moralização das práticas eleitorais, por constituir um órgão independente e apartidário para organizar o pleito.

Atualmente, vive-se uma rotina democrática de alternância de poder, por meio do voto. Todavia o confuso e imprevisível cenário eleitoral que perdurou por décadas no Brasil certamente deixou um legado de enfraquecimento das instituições partidárias e de descrédito do eleitor na política.

Diante desse cenário, discorreu-se sobre o processo eleitoral, composto por uma série de garantias que objetivam a construção de um mecanismo hábil, célere e eficiente para o livre exercício do sufrágio.

A compreensão acerca dos princípios norteadores do Direito Eleitoral brasileiro enriqueceu a pesquisa e trouxe indagações a respeito da dualidade existente entre os princípios da celeridade e da razoável duração do processo com o princípio do devido processo eleitoral.

Concluiu-se que o processo eleitoral é um meio de exercício legítimo da cidadania, e não um fim em si próprio. O cidadão eleitor tem o direito de conhecer bem seu candidato para analisar, conscientemente, suas propostas, e então votar racionalmente. Nesse sentido, o voto consciente só é possível quando o eleitor sabe, tempestivamente, quem são os candidatos.

Após a apresentação detalhada de como funciona o processo administrativo/judicial da análise do pedido de registro de candidatura, verificou-se que o formalismo exagerado, somado ao exíguo lapso temporal entre a data de inscrição das candidaturas e o pleito, tem dificultado a prestação jurisdicional eficiente.

Outros fatores de dificuldade apontados foram a criação de novos partidos políticos, que resulta no aumento considerável de registros a serem analisados; a última reforma eleitoral, que aproximou a data do registro das candidaturas da data de votação; e a falta de corpo próprio de magistrados na Justiça Eleitoral, que, em regra, utiliza-se de juízes emprestados.

Apresentadas as razões que prejudicam o trabalho desempenhado pela Justiça Eleitoral e afastam o eleitor da política, defendeu-se, a partir da teoria de Peter Häberle, expressa na obra *Hermenêutica Constitucional: sociedade aberta dos intérpretes da Constituição*, que a participação popular é de suma importância para o fortalecimento da democracia partidária brasileira.

Contudo, verificou-se o afastamento popular do processo eleitoral, em especial, do pedido de registro de candidatura. A população interessada na vida política, ou seja, filiada a partidos políticos, desde a redemocratização, aumentou infimamente em relação ao número de eleitores.

O retorno à vida política da população brasileira é necessário. Isso, todavia, só irá ocorrer a partir do momento em que o povo se tornar intérprete oficial de seus direitos e garantias assegurados no texto constitucional.

Nesse sentido, concluiu-se que o primeiro passo para que haja esse empoderamento político-social do cidadão é o fornecimento de diretrizes e conhecimento dos direitos políticos pertencentes à sociedade, seja por meio da participação proativa ou por meio de incentivos realizados pelos partidos políticos e pelo Estado.

Como segundo passo, não basta conhecer seus direitos. É necessário que a população entenda que é parte do processo eleitoral brasileiro. De acordo com a teoria do contrato social de Jean-Jacques Rousseau, o povo deve compreender que ele é o detentor soberano do poder e que o Estado é a materialização contratualista da junção desses poderes soberanos de cada indivíduo.

Uma sociedade politicamente organizada só é possível quando seus membros são intérpretes conscientes de seus direitos e obrigações político-sociais. Em termos mais singelos, o que se afirma é que o eleitor deve se conscientizar que ser cidadão extrapola a obrigação de ir à urna e votar no primeiro domingo do mês de outubro.

O terceiro passo é que os órgãos estatais cumprem os direitos e garantias fundamentais. Não basta, portanto, o cidadão conhecer e interpretar seus direitos. É necessário que eles sejam respeitados pela entidade social organizada do Estado.

Verificou-se, com fundamento em estatísticas fornecidas pelo Tribunal Superior Eleitoral das eleições realizadas no período de 1994 a 2014, que a população brasileira tem se afastado da participação da vida política. Um desses fatores diagnosticados no trabalho é a falta de segurança jurídica nas decisões, intempestivas, da justiça eleitoral.

Os problemas da Justiça Eleitoral não se confinam a sua ordem interna. Eles se projetam para ordem externa a partir do momento em que se nega ao cidadão eleitor e ao cidadão votado de saber sua condição de elegível antes da realização do pleito.

Nesse sentido, apresentaram-se situações concretas nas quais o indeferimento do registro de candidatura, após o pleito, causou prejuízos imensuráveis à democracia brasileira.

Uma delas foi o indeferimento, após o pleito, de registro de candidatura vencedora a cargo majoritário, que, nos termos da atual legislação, leva à repetição do pleito. Quando isso acontece, todos os atos devem ser repetidos, desde as convenções partidárias, gerando custos para todos os envolvidos.

Outra situação abordada foi o indeferimento, após o pleito, de registro de candidatura a cargo proporcional, que, nos termos da atual legislação, anula os votos do candidato, mas aproveita a votação para fins de quociente eleitoral e partidário. Trata-se de exceção à teoria das nulidades, que prescreve que ato nulo não gera nenhum efeito jurídico. Essa anomalia, causada pelo atraso na prestação jurisdicional, resulta em descrédito quanto à atuação célere, imparcial e democrática da Justiça Eleitoral.

Por fim, abordou-se a complexidade do trabalho a ser desempenhado pelos magistrados eleitorais. Definir se pretenso candidato preenche todas as condições de elegibilidade ou se incide em alguma das causas de inelegibilidade não é das tarefas mais simples. Especialmente porque o ordenamento jurídico brasileiro lista um número elevado dessas condições. A Lei da Ficha Limpa, a título de exemplificação, criou mais de uma dezena de causas de inelegibilidade que precisam ser interpretadas durante a análise do pedido de registro de candidatura.

Conciliando todos esses fatores, verificou-se que a atuação por parte da Justiça Eleitoral tem causado desconfiança do eleitor em relação ao pleito, gerando nele desinteresse pelo processo de votação e pela participação ativa na vida política.

Assim, o quarto passo para o retorno do interesse do cidadão pelo processo eleitoral é o conhecimento de seus elegíveis no prazo determinado na lei eleitoral, evitando-se assim dúvida quanto ao destino do voto depositado nas urnas.

Constatado que o prazo atual para a análise dos pedidos de registro, pela Justiça Eleitoral, é deveras exíguo, e analisada sua influência negativa no interesse do leitor pelo processo de votação, apresentam-se algumas sugestões para superar essa realidade.

Aconselha-se a propositura, por parte dos parlamentares, de projeto de lei que vise antecipar o prazo fatal para o depósito do pedido de registro de candidatura. Dessa forma, a Justiça Eleitoral contará com um lapso temporal maior para o desempenho de suas atividades.

Objetivando otimizar o trabalho da Justiça Eleitoral, sugere-se a divulgação, antes do início do prazo das convenções partidárias, de lista de candidatos inelegíveis, nos moldes do que é feito atualmente pelo Tribunal de Contas da

União. Tendo o nome inserido na referida lista, o suposto inelegível poderá propor ação declaratória de elegibilidade com pedido de retirada de seu nome da aludida lista. Em contraponto, o candidato que não tiver seu nome inserido na lista e caso apresente todos os documentos necessários, obterá o deferimento automático de seu registro de candidatura.

Por ser público, esse processo não tem o condão de retirar a capacidade processual do cidadão, do partido político, da coligação, do Ministério Público e demais interessados de impugnarem a referida candidatura deferida automaticamente.

Se implementadas as sugestões aqui apresentadas, isso reduziria o trabalho do juiz eleitoral quanto às candidaturas não problemáticas, concentrando seu tempo e esforços naquelas que foram impugnadas.

Por fim, conclui-se que o exercício livre e consciente do direito ao sufrágio somente se materializará quando o eleitor tiver consciência e souber interpretar seus direitos, bem como quando a Justiça Eleitoral cumprir suas funções de forma eficiente.

REFERÊNCIAS

ANTUNES, Marta. **O caminho do empoderamento:** articulando as noções de desenvolvimento, pobreza e empoderamento. In: ROMANO, Jorge e ANTUNES, Marta. Empoderamento e direitos no combate à pobreza. Rio de Janeiro: ActionAid Brasil, 2002.

ARISTÓTELES. **Ética a Nicômaco**. Guimarães, Torrieri (trad.). 4. ed. São Paulo: Martin Claret, 2010.

AVELAR, Lucia; WALTER, Maria Inez Machado Telles. Lentas mudanças: o voto e a política tradicional. In: **Opinião Pública**. Campinas, vol. 14, nº 1, maio, 2008, p. 96-122. Disponível em: <http://www.scielo.br/pdf/op/v14n1/ 04.pdf>. Acesso em: 23 abr. 2016.

AZEVEDO, Gabriel. A importância dos candidatos independentes para a democracia brasileira. In: RIBEIRO, Patrícia Henriques. COSTA, Mônica Aragão M. F. GUERRA, Arthur Magno e Silva (Orgs.). **Direito eleitoral: leituras complementares**. Belo Horizonte: D´Plácido, 2014.

BAQUERO, Marcello; GONZALEZ, Rodrigo Stumpf. Eleições, estabilidade democrática e socialização política no Brasil: análise longitudinal da persistência de valores nas eleições presidenciais de 2002 a 2010. In: **Opinião Publica**. Campinas, vol.17, nº 2, nov. 2011. Disponível em: <http://www.scielo.br/pdf/op/v17n2/a04v17n2.pdf>. Acesso em: 23 abr. 2016.

BARREIRA, César; BARREIRA, Irlys Alencar F. Campos de ajuda e modos de pertencimento: um mapa moral da representação política em campanha eleitoral. In: **Horizontes Antropológicos**. Porto Alegre, ano 18, n. 37, p. 307-335, jan./jun. 2012. Disponível em: <http://www.scielo.br/pdf/ha/v18n37/a13v18n37.pdf>. Acesso em: 23 abr. 2016.

BARREIROS JUNIOR, Edimilson da Costa. **Crise de efetividade no direito processual eleitoral**. Monografia (Especialização em Direito Eleitoral) - Universidade do Estado do Amazonas. Manaus: UEA, 2008.

BARROSO, Luís Roberto. Judicialização, ativismo judicial e legitimidade democrática. **Revista da Escola de Magistratura Regional Federal**. v.1, 2010, p. 389-406.

BONAVIDES, Paulo. **Ciência política**, 10 ed. São Paulo: Malheiros, 1994.

________________. **Teoria constitucional da democracia participativa:** por um direito constitucional de luta e resistência, por uma nova hermenêutica; por uma repolitização da legitimidade. 3 ed. São Paulo: Malheiros, 2006.

________________. **Teoria do Estado**. São Paulo: Malheiros, 1998.

BORBA, Felipe. Propaganda negativa nas eleições presidenciais brasileiras. In: **Opinião Pública**. Campinas, vol.21, nº2, ago. 2015. Disponível em: <http://www.scielo.br/pdf/op/v21n2/0104-6276-op-21-02-00268.pdf>. Acesso em: 23 abr. 2016.

BRAGA, Maria do Socorro Sousa; AMARAL, Oswaldo E. do. Implicações do processo de seleção de candidatos na competição partidária: o caso brasileiro. In: **Revista de Sociologia e Política.** v.21, nº46: 33/43, jun.2013. Disponível em: <http://www.scielo.br/pdf/rsocp/v21n46/03.pdf>. Acesso em: 23 abr. 2016.

BRAGA, Maria do Socorro Sousa; PIMENTEL JR, Jairo. Os partidos políticos brasileiros realmente não importam? In: **Opinião Publica**. Campinas, vol.17, nº 2, nov. 2011. Disponível em: <http://www.scielo.br/pdf/op/v17n2/a01v17 n2.pdf>. Acesso em: 23 abr. 2016.

BRAGA, Sérgio Soares; FRANÇA, Andressa Silvério Terra; NICOLÁS, María Alejandra. Os partidos políticos brasileiros e a internet: uma avaliação dos websites dos partidos políticos do Brasil. In: **Rev. Sociol. Polít**. Curitiba, v. 17, n. 34, p. 183-208, out. 2009. Disponível em: <http://www.scielo.br/ pdf/rsocp/v17n34/a13v17n34.pdf>. Acesso em: 23 abr. 2016.

BRASIL. Código Eleitoral Brasileiro, de 15 de julho de 1965. **Diário Oficial da República Federativa do Brasil**, Brasília, DF, 19 set. 1965. Disponível em: <http://www.planalto.gov.br/ccivil_03/leis/L4737.htm>. Acesso em: 6 mai. 2016.

BRASIL. Constituição Federal, de 5 de outubro de 1988. **Diário Oficial da República Federativa do Brasil**, Brasília, DF, 5 out. 1988, p. 1-32. Disponível em: <http://www.planalto.gov.br/ccivil_03/constituicao/constituicaocompilado.htm>. Acesso em: 23 jun. 2015.

BRASIL. Lei das eleições nº 9.504, de 19 de setembro de 1997. **Diário Oficial da República Federativa do Brasil**, Brasília, DF, 20 set. 1997. Disponível em: <http://www.planalto.gov.br/ccivil_03/leis/L9504.htm>. Acesso em: 6 mai. 2016.

BRASIL. Lei das inelegibilidades Lei Complementar nº 64, de 18 de maio de 1990. **Diário Oficial da República Federativa do Brasil**, Brasília, DF, 21 mai. 1990. Disponível em: <http://www.planalto.gov.br/ccivil_03/leis/lcp/lcp64.htm>. Acesso em: 6 mai. 2016.

BRASIL. Lei dos partidos políticos nº 9.096, de 30 de setembro de 1997. **Diário Oficial da República Federativa do Brasil**, Brasília, DF, 1º out. 1997. Disponível em: <http://www.planalto.gov.br/ccivil_03/leis/L9096.htm>. Acesso em: 6 mai. 2016.

BRASIL. Superior Tribunal de Justiça. CC nº 38.430, Rel. Min. Felix Fischer, Terceira Seção. Publicado no **Diário de Justiça** de 18/08/2003.

BRASIL. Supremo Tribunal Federal, Ação Direta de Inconstitucionalidade nº 3.345, Min. Rel. Celso de Melo. Publicado no **Diário de Justiça** de 20/08/2010.

BRASIL. Supremo Tribunal Federal, Ação Direta de Inconstitucionalidade nº 3.685/DF. Rel. Min. Ellen Gracie. Pulicado no **Diário de Justiça** de 10/08/2006.

BRASIL. Supremo Tribunal Federal. Ação Direta de Inconstitucionalidade nº 5525. Rel. Min Roberto Barroso. Julgamento em 8/03/2018.

BRASIL. Supremo Tribunal Federal. Ação Direta de Inconstitucionalidade nº 5619. Rel. Min Roberto Barroso. Julgamento em 8/03/2018.

BRASIL. Supremo Tribunal Federal, Mandado de Segurança nº 26.603/2007, Rel. Min. Celso de Melo. Publicado no **Diário de Justiça Eletrônico** de 18/12/2008.

BRASIL. Tribunal Regional Eleitoral do Rio de Janeiro. Recurso Eleitoral n° 28.234. Rel. Des. Edson Aguiar de Vasconcelos. Pulicado no **Diário de Justiça Eletrônico** de 13/11/2014.

BRASIL. Tribunal Superior Eleitoral, Agravo Regimental em Agravo nº 765.331, Rel. Min. João Otávio de Noronha. Publicado no **Diário de Justiça Eletrônico** de 28/10/2015.

BRASIL. Tribunal Superior Eleitoral, Agravo Regimental em Mandado de Segurança nº 79.291, Rel. Min. Gilmar Ferreira Mendes. Publicado no **Diário de Justiça Eletrônico** de 22/12/2014.

BRASIL. Tribunal Superior Eleitoral, Agravo Regimental em Reclamação nº 87.629, Relator Min. Arnaldo Versiani Leite Soares. PSESS – Publicado em Sessão, Data 4/10/2012.

BRASIL. Tribunal Superior Eleitoral. Acórdão, Relator(a) Min. Fátima Nancy Andrighi, Publicação: DJE - **Diário de Justiça Eletrônico**, 20/05/2013.

BRASIL. Tribunal Superior Eleitoral, Agravo Regimental em Recurso Especial Eleitoral nº 74.918/RS, Rel. Min. José Antônio Dias Toffoli. Publicado no **Diário de Justiça Eletrônico** de 27/05/2014.

BRASIL. Tribunal Superior Eleitoral, Agravo Regimental em Recurso Especial Eleitoral nº 3.511, Rel. Min. João Otávio de Noronha. Publicado no **Diário de Justiça Eletrônico** de 20/11/2013.

BRASIL. Tribunal Superior Eleitoral, Agravo Regimental em Recurso Especial Eleitoral nº 25.086, Relator (a) Min. Gilmar Ferreira Mendes. Publicado no **Diário de Justiça Eletrônico** de 2/12/2005.

BRASIL. Tribunal Superior Eleitoral, Agravo Regimental em Recurso Especial Eleitoral nº 25.086, Relator(a) Min. Gilmar Ferreira Mendes. Publicado no **Diário de Justiça Eletrônico** de 2/12/2005.

BRASIL. Tribunal Superior Eleitoral, Agravo Regimental em Recurso Ordinário nº 50.406, Rel. Min. Dias Toffoli. Publicado no **Diário de Justiça Eletrônico** de 27/11/2015.

Brasil. Tribunal Superior Eleitoral. Recurso Ordinário nº 100.003 Acórdão, Relator(a) Min. Maria Thereza Rocha De Assis Moura. Publicado no **Diário de Justiça Eletrônico**, em 07/04/2016.

BRASIL. Tribunal Superior Eleitoral, Agravo Regimental em Recurso Especial Eleitoral nº 66.912, Rel. Min. Dias Toffoli. Publicado no **Diário de Justiça Eletrônico** de 10/11/2015.

BRASIL. Tribunal Superior Eleitoral, Agravo Regimental em Recurso Especial Eleitoral nº 122.571, Rel. Min. Luciana Cristina Guimaraes Lóssio. Publicado no **Diário de Justiça Eletrônico** de 18/9/2014.

BRASIL. Tribunal Superior Eleitoral, Agravo Regimental em Recurso Especial Eleitoral nº 49.368, Rel. Min. Henrique Neves. Publicado na sessão de 18/09/2014.

BRASIL. Tribunal Superior Eleitoral, AgRg AI n° 4947/SP, Rel. Min. Gilmar Mendes. Publicado no **Diário de Justiça Eletrônico** de 19/05/2015.

BRASIL. Tribunal Superior Eleitoral, AgRg nº 28.234/RJ, Rel. Min. Luciana Lóssio. Publicado no **Diário de Justiça Eletrônico** de 24/02/2016.

BRASIL. Tribunal Superior Eleitoral, Consulta nº 1.716/ Resolução n° 23.210, Rel. Min. Félix Fischer. Publicado no **Diário de Justiça Eletrônico** de 11/02/2010.

BRASIL. Tribunal Superior Eleitoral, Consulta nº 14.490/DF, Min. Torquato Jardim. Publicado no **Diário de Justiça** de 25/08/1994.

BRASIL. Tribunal Superior Eleitoral, Consulta nº 4.120/DF, Min. Antônio Neder. Publicada no **Diário de Justiça** de 14/08/1970.

BRASIL. Tribunal Superior Eleitoral. Reclamação nº 87629, Acórdão, Relator(a) Min. Arnaldo Versiani Leite Soares, Publicação: PSESS - Publicado em Sessão em 04/10/2012.

BRASIL. Tribunal Superior Eleitoral. **Eleições no Brasil:** uma história de 500 anos. Brasília: Tribunal Superior Eleitoral, 2014.

BRASIL. Tribunal Superior Eleitoral, Embargos de Declaração em Recurso Especial Eleitoral nº 66.912, Rel. Min. Maria Thereza Rocha de Assis Moura. Publicado no **Diário de Justiça Eletrônico** de 24/2/2016.

BRASIL. Tribunal Superior Eleitoral, Embargos de Declaração em Recurso Especial Eleitoral nº 307.258, Rel. Min. Luciana Cristina Guimaraes Lóssio. Publicado no **Diário de Justiça Eletrônico** de. 21/10/2014.

BRASIL. Tribunal Superior Eleitoral, Embargos Declaratórios em PC nº 44, Rel. Min. Luiz Fux. Publicado no **Diário de Justiça Eletrônico** de 23/06/2015.

BRASIL. TRIBUNAL SUPERIOR ELEITORAL. RCL: 475 SP, Relator: Min. José Augusto Delgado. Publicado no **Diário de Justiça** de 18/10/2007.

BRASIL. Tribunal Superior Eleitoral. Recurso Contra Expedição de Diploma nº 613/ DF, Rel. Min. Carlos Velloso. Publicado no **Diário de Justiça** de 20/9/2006.

BRASIL. Tribunal Superior Eleitoral. Recurso Especial Eleitoral nº 1.062, Rel. Min. Fátima Nancy Andrighi, Rel. designado(a) Min. Laurita Hilário Vaz. Publicado no **Diário de Justiça Eletrônico** de 10/10/2013.

BRASIL. Tribunal Superior Eleitoral. Recurso Especial Eleitoral nº 1.943, Rel. Min. Pedro Paulo Pena e Costa. Publicado na sessão de 10/07/1952.

BRASIL. Tribunal Superior Eleitoral. Recurso Especial Eleitoral nº 8.351, Rel. Min. Luciana Cristina Guimaraes Lóssio. Publicado no **Diário de Justiça Eletrônico** de 18/03/2015.

BRASIL. Tribunal Superior Eleitoral. Recurso Especial Eleitoral nº 20.680, Rel. Min. Luciana Cristina Guimaraes Lóssio. Publicado na sessão de 27/11/2012.

BRASIL. Tribunal Superior Eleitoral. Recurso Especial Eleitoral nº 531.807/MG, Rel. Min. Gilmar Ferreira Mendes. Publicado no **Diário de Justiça Eletrônico** de 3/6/2015.

BRASIL. Tribunal Superior Eleitoral. Recurso Ordinário nº 1.589, Rel. Min. Enrique Ricardo Lewandowski. Publicado no **Diário de Justiça Eletrônico** de 01/02/2010.

BRASIL. Tribunal Superior Eleitoral. Recurso Ordinário nº 100.003, Rel. Min. Maria Thereza Rocha de Assis Moura, Rel. designado Min. Henrique Neves da Silva. Publicado no **Diário de Justiça Eletrônico** de 7/4/2016.

BRASIL. Tribunal Superior Eleitoral. Resolução nº 21.108/GO, Min. Sálvio Figueiredo. Publicado no **Diário de Justiça Eletrônico** de 9/08/2012.

BRASIL. Tribunal Superior Eleitoral. Resolução nº 21.842/2004, Rel. Min. Francisco Peçanha Martins. Publicado no **Diário de Justiça Eletrônico** de 29/07/2004.

BRASIL. Tribunal Superior Eleitoral. Resolução nº 22.526/2007, Rel. Min. Francisco Cesar Asfor Rocha. **Diário de Justiça** de 27/03/2007.

BRASIL. Tribunal Superior Eleitoral. Resolução nº 22.563/2007, Rel. Min. José Augusto Delgado. Publicado no **Diário de Justiça Eletrônico** de 28/08/2007.

BRASIL. Tribunal Superior Eleitoral. Resolução nº 22.783/2008, Rel. Min. Felix Fischer. Publicado no **Diário de Justiça Eletrônico** de 21/05/2008.

BRASIL. Tribunal Superior Eleitoral. Resolução nº 22.931/2008, Rel. Min. Felix Fischer. Publicado no **Diário de Justiça Eletrônico** de 12/11/2008.

BRASIL. Tribunal Superior Eleitoral. Resolução nº 23.255/2010, Rel. Min. Aldir Guimarães Passarinho Júnior. Publicado no **Diário de Justiça Eletrônico** de 11/05/2010.

BRASIL. Tribunal Superior Eleitoral. Resolução nº 23.385/2012, Rel. Min. Gilson Dipp. Publicado no **Diário de Justiça Eletrônico** de 01/10/2012.

BRASIL. Tribunal Superior Eleitoral. Resolução nº 23.422/2014, Rel. Min. Luciana Lóssio. Publicado no **Diário de Justiça Eletrônico** de 03/06/2014.

BRASIL. Tribunal Superior Eleitoral. Resolução nº 23.548/2017, Rel. Min. Luiz Fux. **Diário de Justiça Eletrônico** de 2/2/2018.

BRASIL. Tribunal Superior Eleitoral. Resolução nº 23.521/2018, Rel. Min. Luiz Fux. **Diário de Justiça Eletrônico** de 5/3/2018.

BRASIL. Tribunal Superior Eleitoral. Resolução nº 23.555/2017, Rel. Min. Luiz Fux. **Diário de Justiça Eletrônico** de 29/12/2017.

CÂMARA MUNICIPAL DE BELO HORIZONTE. **Câmara Mirim**. Disponível em: <http://www.cmbh.mg.gov.br/escola-do-legislativo/camara-mirim>. Acesso em: 30 abr. 2016.

CAMPILONGO, Celso Fernandes. **Direito e democracia**. 2 ed. São Paulo: Max Limonad, 2000.

_________________. **Política, sistema jurídico e decisão judicial.** 2 ed. São Paulo: Saraiva, 2011.

CANOTILHO, J. J. Gomes. **Direito Constitucional e teoria da constituição**. 7. ed. reimp. Coimbra: Livraria Almedina, 2003.

CATTONI DE OLIVEIRA, M. A.; ALVES, A. D. . Considerações sobre a reforma política: uma análise da relação entre Legislativo e Executivo contra o Presidencialismo de coalizão e o bonapartismo. **Revista do Instituto de Hermenêutica Jurídica**, v. 9, p. 13-32, 2011.

CARVALHO, Daniel. SANTOS, Gervásio Ferreira dos. Ciclos políticos, socioeconômica e a geografia eleitoral do estado da Bahia nas eleições de 2006. In: **Rev. Sociol. Polit**. v. 23, n. 54, p. 109-135, jun. 2015. Disponível em: <http://www.scielo.br/pdf/rsocp/v23n54/0104-4478-rsocp-23-54-0109.pdf>. Acesso em: 23 abr. 2016.

CARVALHO, Kildare Gonçalves. **Direito constitucional**: teoria do estado e da constituição e direito constitucional positivo. 17 ed. rev. atual. ampl. Belo Horizonte: Del Rey, 2011.

CASTANHO, Maria Augusta Ferreira da Silva. **O processo eleitoral na era da internet**: as novas tecnologias e o exercício da cidadania. São Paulo. Fl. 337, Tese (Doutorado) – Faculdade de Direito do Largo de São Francisco da USP, 2014.

CASTELLUCCI, Aldrin Armstrong Silva. Muitos votantes e poucos eleitores a difícil conquista da cidadania operária no Brasil Império (Salvador, 1850-1881). In: **Varia Historia**. Belo Horizonte, vol. 30, nº 52, p.183-206, jan./abr. 2014. Disponível em: <http://www.scielo.br/pdf/vh/v30n52/09.pdf>. Acesso em: 23 abr. 2016.

CASTRO, Edson de Resende. **Curso de direito eleitoral**. 7 ed. rev. atual. Belo Horizonte: Del Rey, 2014.

CERQUEIRA, Thales Tácito. CERQUEIRA, Camila Albuquerque. **Direito eleitoral esquematizado**. São Paulo: Saraiva, 2011.

CHAIA, Vera. **A longa conquista do voto na história política brasileira**. São Paulo: Site da Fundação São Paulo, 2010 (Boletim) Disponível em: < http://www.pucsp.br/fundasp/textos/downloads/O_voto_no_Brasil.pdf >. Acesso em: 30 mai. 2016.

COMPARATO, Fábio Konder. **A democratização dos meios de comunicação de massa**. Direito Constitucional - Estudos em Homenagem a Paulo Bonavides, Editora Mlaheiros e Revista USP, 2001.

COSTA, Adriano Soares da. **Instituições de direito eleitoral**: teoria da inelegibilidade; direito processual eleitoral. Vol. 1. 9, ed. rev. ampl. atual. Belo Horizonte: Fórum, 2013.

COSTA, Tailaine Cristina. **Justiça Eleitoral e sua competência normativa**. Disponível em: <http://www.justicaeleitoral.jus.br/arquivos/tre-pr-parana-eleitoral-2013-volume-2-revista-1-artigo-4-tailaine-cristina-costa>. Acesso em: 25 fev. 2016.

DIAS, André Luiz Vieira. KERBAUY, Maria Teresa Miceli. Engajamento cívico e escolaridade superior: as eleições de 2014 e o comportamento político dos brasileiros. In: **Rev. Sociol. Polit**. Curitiba, vol. 23 no. 56, Dec. 2015. Disponível em: <http://www.scielo.br/pdf/rsocp/v23n56/0104-4478-rsocp-23-56-0149.pdf>. Acesso em: 23 abr. 2016.

DUGUIT, Léon. **Fundamento do direito**. Pugliesi, Márcio (trad.). São Paulo: Martin Claret, 2009, p. 75.

FALCÃO, Joaquim. OLIVEIRA, Fabiana Luci de. Poder judiciário e competição política: as eleições de 2010 e a lei da "ficha-limpa". In: **Opinião Pública**. Campinas, vol. 18, nº 2, novembro, 2012, p. 337/354. D i s p o n í v e l em: <http://www.scielo.br/pdf/op/v18n2/a04v18n2.pdf>. Acesso em: 23 abr. 2016.

FERRARO, A. R. Educação, classe, gênero e voto no Brasil imperial: Lei Saraiva – 1881. In: **Educar em Revista**. Curitiba, Brasil, n. 50, p. 181-206, out./dez. 2013. Editora UFPR. Disponível em: <http://www.scielo.br/pdf/er/n50/n 50a12.pdf>. Acesso em: 23 abr. 2016.

FERREIRA, Manoel Rodrigues. **A evolução do sistema eleitoral brasileiro**. Brasília: Senado Federal, 2001. Disponível em: < http://www2.senado.leg.br/bdsf/item/id/1054>. Acesso em: 30 mai. 2016.

FLORENTINO, Renata. Democracia Liberal: uma novidade já desbotada entre jovens. In: **Opinião Pública**. Campinas, vol. 14, nº 1, junho, 2008, p. 205-235. Disponível em: <http://www.scielo.br/pdf/op/v14n1/08.pdf>. Acesso em: 23 abr. 2016.

FRAGOSO, Roberto da Rocha. **Tribunal Superior Eleitoral, o legislador autônomo**: limites ao poder regulamentar da Justiça Eleitoral. Trabalho de conclusão em Pós-Graduação lato sensu apresentado à Universalidade do Legislativo Brasileiro e a Universidade Federal do Mato Grasso do Sul. Brasília: Senado Federal, 2008.

GOMES, José Jairo. **Direito Eleitoral.** 11 ed. rev. atual. e ampl. São Paulo: Atlas, 2015.

GOUVEIA, Luiz Antônio Sampaio. **Sobre o ativismo do Poder Judiciário e a reforma política**. Disponível em:<http://politica.estadao.com.br/blogs/fausto-macedo/sobre-o-ativismo-do-poder-judiciario-e-a-reforma-politica>. Acesso em: 5 maio 2016.

GRINOVER, Ada Pellegrini. CINTRA, Antônio Carlos de Araújo; DINAMARCO, Cândido Rangel. **Teoria geral do processo**. 28 ed. São Paulo: Malheiros, 2011.

HÄBERLE, Peter. **Hermenêutica Constitucional:** a sociedade aberta dos intérpretes da constituição. Mendes, Gilmar Ferreira (trad.). Porto Alegre: Sergio Antônio Fabris Editor, 2002.

HABERMAS, Jürgen **Direito e Democracia: entre facticidade e validade**. v. 1. Rio de Janeiro: Tempo Brasileiro, 1997.

HOOBES, Thomas. **Leviatã, ou matéria, forma e poder de um Estado eclesiástico e civil**. D'Angina, Rosina (trad.). 2 ed. São Paulo: Martin Claret, 2012.

KLEBA, Maria Elisabeth. WENDAUSEN Agueda. Empoderamento: processo de fortalecimento dos sujeitos nos espaços de participação social e democratização política. In: **Saúde Soc**. São Paulo, v.18, n.4, p. 733-743, 2009. Disponível em: <http://www.revistas.usp.br/sausoc/article/viewFile/29498 /31358>. Acesso em: 26 abr. 2016.

KRAUSE, Silvana. REBELLO, Maurício Michel; SILVA, Josimar Gonçalves da. O perfil do financiamento dos partidos brasileiros (2006-2012): o que as tipologias dizem?. In: **Revista Brasileira de Ciência Política**. Nº 16. Brasília, jan.- abr. de 2015, pp. 247-272. Disponível em: <>. Acesso em: 23 abr. 2016.

LASSALE, Ferdinand. **O que é uma Constituição?** OLIVEIRA, Hiltomar Martins (trad.). Belo Horizonte: Ed. Líder, 2002.

LEAL, Vitor Nunes. **Coronelismo enxada e voto.** 6 ed. São Paulo: Alfa Ômega, 1993

LIMONGI, Fernando. Eleições e democracia no Brasil: Victor Nunes Leal e a transição de 1945. In: **Revista de Ciências Sociais**. Rio de Janeiro, vol. 55, nº 1, 2012, pp. 37 a 69.

Disponível em: <http://www.scielo.br/pdf/dados/v55n1/a 02v55n1.pdf>. Acesso em: 23 abr. de 2016.

________________. Fazendo eleitores e eleições: mobilização política e democracia no Brasil Pós-Estado Novo. In: **Dados**. Rio de Janeiro, vol. 58 nº 2 abr./jun., 2015. Disponível em: <http://www.scielo.br/pdf/dados/v58n2/0011-5258-dados-58-2-0371.pdf>. Acesso em: 23 abr. 2016.

________________. Revisitando as eleições do segundo reinado: manipulação, fraude e violência. In: **Lua Nova**. São Paulo, 91: 13-51, 2014. Disponível em: <http://www.scielo.br/pdf/ln/n91/n91a02.pdf>. Acesso em: 23 abr. 2016.

LORIERI, Marcos Antônio. SANTOS, Rodrigo Barboza. Criticidade e educação filosófica de crianças e jovens. In: **Dialogia**. São Paulo, n. 22, p. 229-242, jul./dez. 2015. Disponível em: <http://www4.uninove.br/ojs/index.php/dialogia/article/viewFile/5759/3108>. Acesso em: 30 abr. 2016.

MACEDO, ELAINE HARZHEIM. **Decisões no processo de registro de candidatura e coisa julgada: os artigos 502 e 503 do NCPC e o Direito Eleitoral**. In: TAVARES, André Ramos; AGRA, Walber de Moura; PEREIRA, Luiz Fernando. (Org.). O Direito Eleitoral e o Novo Código de Processo Civil. 1ed.Belo Horizonte: Fórum, 2016, v. 1, p. 317-334.

MACEDO, Elaine Harzheim. SOARES, Rafael Morgental. **O poder normativo da Justiça Eleitoral e a separação dos poderes**: um paradigma democrático? CONPEDI, UFSC, p. 265/293, 2014. Disponível em: <http://www.publicadireito.com.br/artigos/?cod=0bd791e117caac17>. Acesso em: 25 fev. 2016.

MAGESTE, G. S.; MELO, M. C. O. L. ; CKAGNAZAROFF, I. B. . **Empoderamento de Mulheres: uma Proposta de Análise para as Organizações.** In: ENCONTRO DE ESTUDOS ORGANIZACIONAIS, 2008, Belo Horizonte. V ENEO. Rio de Janeiro: ANPAD, 2008.

MAQUIAVEL, Nicolau. **O príncipe**. NASSETTI, Pietro (trad.). 9 ed. São Paulo: Martin Claret, 2007.

MARCHETTI, V. CORTEZ, R. A judicialização da competição política: o TSE e as coligações eleitorais. In: **Opinião Pública**. Campinas, vol. 15, nº 2, nov. 2009, p. 422-450. Disponível em: <http://www.scielo.br/pdf/op/v15n2/ 06.pdf>. Acesso em: 23 abr. 2016.

MARTINS, Clitia Helena Backx. **Trabalhadores na reciclagem do lixo: dinâmicas econômicas, socioambientais e políticas na perspectiva de empoderamento**. Tese (Doutorado). Universidade Federal do Rio Grande do Sul. Programa de Pós-Graduação em Sociologia, 2003.

MAXIMILIANO. Carlos. **Hermenêutica e Aplicação do Direito**. 11 ed. São Paulo: Forense, 2014.

MCADAM, Doug. TARROW, Sidney. Movimentos sociais e eleições: por uma compreensão mais ampla do contexto político da contestação. In: **Sociologias**. Porto Alegre, ano 13, nº 28, set./dez. 2011, p. 18-51. Disponível em:<http://www.scielo.br/pdf/soc/v13n28/03.pdf>. Acesso em: 23 abr. 2016.

MENEZES, Rafael Terra de. SAIANI, Carlos César Santejo. ZOGHBI, Ana Carolina Pereira. Demanda mediana por serviços públicos e desempenho eleitoral: evidências do modelo do eleitor mediano para os municípios brasileiros. In: **Est. econ.** *São Paulo, v. 41, n. 1, p. 25-57,* jan.-mar. 2011. Disponível em: <http://www.scielo.br/pdf/ee/v41n1/02.pdf>. Acesso em: 23 abr. 2016.

MIGUEL, Luis Felipe; BIROLI, Flávia. Meios de comunicação de massa e eleições no Brasil: a influência simples à interação complexa. **Revista USP.** Brasil, n. 90, p. 74-83, aug. 2011. Disponível em: <http://www.revistas.usp.br/revusp/article/view/34013/36747>. Acesso em: 2 maio 2016.

MONTESQUIEU. **Do espírito das leis**. FERREIRA, Roberto Leal (trad.). São Paulo: Martin Claret, 2010.

NICOLAU, Jairo. **A participação eleitoral no Brasil**. São Paulo: Oxford, 2001.

OLIVEIRA, José do Carmo Veiga de. **O eleitor e o voto:** a soberania popular na Constituição da República de 1988. In: RIBEIRO, Patrícia Henriques. COSTA, Mônica Aragão M. F.; GUERRA, Arthur Magno e Silva (Orgs.). Direito eleitoral: leituras complementares. Belo Horizonte: D´Plácido, 2014.

OLIVEIRA, Márcio Luís de; FERREIRA, Raphael Rodrigues. Registro de candidatura e antecipação da habilitação para se ser elegível. In: RIBEIRO, Patrícia Henriques. COSTA, Mônica Aragão M. F.; GUERRA, Arthur Magno e Silva (Orgs.). **Direito eleitoral: leituras complementares.** Belo Horizonte: D´Plácido, 2014.

PEREIRA, Rodolfo Viana. **Direito constitucional democrático: controle e participação como elementos fundantes e garantidores da constitucionalidade**. 2 ed. Rio de Janeiro: Lumen Juris, 2010.

________________. **Tutela coletiva no Direito Eleitoral. Controle social e fiscalização das eleições.** Rio de Janeiro. Lúmen Júris, 2008.

PLATÃO. **A República**. NASSETTI, Pietro (trad.). 2 ed. São Paulo: Martin Claret, 2010.

PORTAL G1 NOTÍCIAS. **Quase 800 candidatos disputam eleição sem candidatura confirmada**. Disponível em http://g1.globo.com/politica/eleicoes/2014/noticia/2014/10/quase-800-candidatos-dis putam-eleicao-sem-candidatura-confirmada.html. Acesso em: 26 abr. 2016.

RAMAYANA, Marcos. **Direito Eleitoral**. 11 ed. Rio de Janeiro: Impetus, 2010, p. 367.

RÁO, Vicente. **Novas formas de organização política**. Revista da Faculdade de Direito de São Paulo, Brasil, v. 29, p. 77-232, dec. 1932. ISSN 2318-8227. Disponível em: <http://www.revistas.usp.br/rfdsp/article/view/ 64699>. Acesso em: 4 maio 2016.

RICCI, Paolo. ZULINI, Jaqueline Porto. Quem ganhou as eleições? A validação dos resultados antes da criação da Justiça Eleitoral. In: **Revista de Sociologia e Política**. v. 21, nº 45: 91/105, mar. 2013. D i s p o n í v e l em: <http://www.scielo.br/pdf/rsocp/ v21n45/a08v21n45.pdf>. Acesso em: 23 abr. 2016.

ROUSSEAU, Jean Jacques. **Do contrato social**. NASSETTI, Pietro (trad.). 3 ed. **São Paulo: Martin** Claret, 2010.

ROUSSEAU, Jean Jacques. SILVA, Rolando Roque da (tradutor). **Do contrato social**. Disponível em: <http://www.ebooksbrasil.org/adobeebook/contratosocial.pdf>. Acesso em: 18 fev. 2016.

SENA, Naldiael Santos. História do voto no Brasil. Disponível em: <http://www.webartigos.com/artigos/historia-do-voto-no-brasil/29371>. Acesso em: 18 fev. 2016.

SILVA, Adriana Campos; SANTOS, Polianna Pereira. O princípio da fidelidade partidária e a possibilidade de perda de mandato por sua violação: uma análise segundo a jurisprudência do Supremo Tribunal Federal. **Revista do Instituto de Hermenêutica Jurídica**. v. 11, p. 17/18, 2013.

SILVA, Adriana Campos; SANTOS, Polianna Pereira; STUDART, Paulo Henrique de Mattos. **Partidos políticos, coligações e blocos de atuação nas casas legislativas**: o congresso nacional brasileiro. In: VIII CONGRESSO LATINO AMERICANO DE CIÊNCIA POLÍTICA -- ALACIP, 2015, Lima, Peru. Anales de VIII Congreso Latino americano de Ciencia Política ALACIP, 2015. v. I. p. 11-38.

SILVA, Glauco Peres da. Uma avaliação empírica da competição eleitoral para a Câmara Federal no Brasil. In: **Opinião Pública**. Campinas, vol. 19, nº 2, novembro, 2013, p. 403-429. Disponível em: <http://www.scielo.br/pdf/ln/n91/ n91a02.pdf>. Acesso em: 23 abr. 2016.

SILVA, José Afonso da. **Curso de direito constitucional positivo**. 35 ed. rev. atual. São Paulo: Malheiros, 2012.

SILVA, Rodrigo Moreira da. **Princípio a anualidade eleitoral**. Revista Eletrônica da EJE. Disponível em: <http://www.tse.jus.br/institucional/escola-judiciaria-eleitoral/revistas-da-eje/artigos/revista-eletronica-eje-n.-4-ano-3/principio-da-anualidade--eleitoral>. Acesso em: 29 de mar. 2016.

SILVA, Thiago. SILVA, Estevão. Eleições no Brasil antes da democracia: o Código Eleitoral de 1932 e os pleitos de 1933 e 1934. In: **Rev. Sociol. Polit**. Curitiba, vol. 23, nº 56, dez. 2015. Disponível em:<http://www.scielo.br/pdf/ rsocp/v23n56/0104-4478-rsocp-23-56-0075.pdf>. Acesso em: 23 abr. 2016.

SINGER, André. Mídia e democracia no Brasil. **Revista USP**. Brasil, n. 48, p. 58-67, fev. 2001. Disponível em: <http://www.revistas.usp.br/revusp/article/view/32891/35461>. Acesso em: 2 mai. 2016.

SOUZA, Amaury de; LAMOUNIER, Bolívar. O futuro da democracia: cenários político-institucionais até 2022. Estudos Avançados. São Paulo, v. 20, n. 56, p. 43-60, abr. 2006. ISSN 1806-592. Disponível em:<http://www.revistas.usp.br/eav/article/view/10121/11701>. Acesso em: 2 mai. 2016.

STUMPF, Juliano da Costa. **Poder judiciário**: morosidade e inovação. Porto Alegre: Tribunal de Justiça do Rio Grande do Sul, Departamento de Artes Gráficas, 2009.

Supremo Tribunal Federal, ADI nº 3.741-2/DF, Rel. Min. Ricardo Lewandowski, DJ 6/8/06.

TAKAYANAGI, Fabiano Yuji. A democracia representativa no Brasil. **Revista da Faculdade de Direito**, Universidade de São Paulo, [S.l.], v. 102, p. 1095-1122, jan. 2007.Disponível em:<http://www.revistas.usp.br/rfdusp/article/view/67787/70395>. Acesso em: 2 mai. 2016.

TAVARES, André Ramos. **Princípios** constitucionais do processo eleitoral. In: André Ramos Tavares, Walber de Moura Agra, Luiz Fernando Pereira. (Org.). O Direito Eleitoral e o Novo Código de Processo Civil. 1ed.Belo Horizonte: Fórum, 2016, v. 1, p. 17-38.

THEODORO JUNIOR, Humberto. **Curso de direito processual civil**: teoria geral do direito processual civil e processo de conhecimento. Vol. 1. 53. ed. rev. atual. Rio de Janeiro: Forense, 2012.

VEIGA, Luciana Fernandes. SANTOS, Sandra Avi dos. O referendo das armas no Brasil: estratégias de campanha e comportamento do eleitor. In: **Revista Brasileira de Ciências Sociais**. vol. 23 nº 66, p. 59/77. Disponível em:<http://www.scielo.br/pdf/rbcsoc/v23n66/04.pdf>. Acesso em: 23 abr. 2016.